LITTERATURES EN CONTEXTE: LE MONDE FRANCOPHONE

Louise Fiber Luce

GRAMMAR WORKBOOK

Holt, Rinehart and Winston
Harcourt Brace College Publishers

Fort Worth   Philadelphia   San Diego   New York   Orlando   Austin   San Antonio
Toronto   Montreal   London   Sydney   Tokyo

CONTENTS

Contents

LESSON ONE
LA BASSINE

REVISION

—LE PASSE SIMPLE
—COMMENT INSISTER AVEC L'IMPERATIF ET L'EXCLAMATION
—LES ADVERBES QUI SE TERMINENT EN *-MENT*

I. LE PASSE SIMPLE

The **passé simple** has the same meanings in English as the **passé composé: elle arriva/elle est arrivée**—*she arrived, she did arrive, she has arrived.* The **passé simple,** however, is part of formal discourse (used when writing texts of fiction and history, for example) while the **passé composé** is used for informal communication, like conversations and letters you would write to a friend. Although students are not usually required to write texts using the **passé simple,** they are expected to recognize it since it appears so often. If you need to review the forms of the **passé simple,** see Appendix A in the reader.

Exercice A. Donnez l'infinitif des verbes suivants.

1. Les invités *furent* ravis. _____

2. Elle *remercia* son voisin. _____

3. Jeha *put* rendre les deux bassines. _____

4. Il *interrompit* ses invités. _____

5. Elle *crut* qu'il était fou. _____

6. Elle *se mit* en colère. _____

7. Ses yeux *brillèrent.* _____

8. Il l'*accueillit* gentiment. _____

9. Elle *entendit* la voix de Jeha. _____

10. Il *s'excusa* de son retard. _____

Exercice B. Dans la liste suivante, il y a une grande variété de temps verbaux. Soulignez verbes qui sont au **passé simple.**

1. Elle a repris ses esprits.

2. Elle sanglota à chaudes larmes.

3. Elle prodigua plusieurs recommandations.

4. Il l'empruntait à sa voisine.

5. Elle découvrit une petite bassine à l'intérieur de la grande.

6. Le voisin ne rend pas la bassine à l'heure indiquée.

7. Il fut tout interloqué.

8. Elles se sont mises à pleurer.

9. Il utilise le savon le plus pur.

10. Ils recommencèrent leur conversation.

11. Nous découvrîmes la vérité.

12. La grande bassine accouchera d'une petite.

13. Plongez-la dans de l'eau froide.

14. Ils entrèrent chez leur ami.

15. Elle était en couches.

II. COMMENT INSISTER

L'impératif

1. The imperative is used to give a command or make a suggestion: *Don't do that! Let's eat out tonight.* To form the imperative, drop the subject pronoun, use only the present tense of the verb. (**Mangeons vite ! Attendez !**)

   EXCEPTIONS:
   the **tu** form of **er** regular verbs and **aller.** Here you drop the **s** of the regular **es** ending (**Pense ! Explique cela); vas** becomes **va.**

2. The imperative forms of **avoir, être, savoir,** and **vouloir** are irregular:

avoir—aie, ayons, ayez

être—sois, soyons, soyez

savoir—sache, sachons, sachez

vouloir—veuille, veuillons, veuillez

3. If the imperative is *affirmative*, object pronouns stand after the verb and are attached to it by a hyphen (**Vendez-nous-en**) in the following order:

Verb	+	le	+	moi	+	lui	+	y	+	en
		la		toi		leur				
		les		nous						
				vous						

EXCEPTION:
moi and **toi** followed by **en** become **m'en** and **t'en**: **Donnez-m'en plusieurs.**

4. In the *negative* imperative, the object pronouns stand in their usual position preceding the verb: **Ne la lave pas ! Ne me le dis pas.** With more than one object pronoun *preceding* the verb, use the order given in the chart below:

me	+	le	+	lui	+	y	+	en	+	verb
te		la		leur						
se		les								
nous										
vous										

Exercice C. Pardon, mais où se trouve… ? En employant les impératifs, écrivez un paragraphe où vous expliquez à un étranger comment arriver à la nouvelle salle de cinéma. *Vocabulaire utile:* le chemin le plus court/pittoresque, à droite, à gauche, tout droit, un carrefour, un feu rouge, (ne pas) tourner, continuer, (ne pas) prendre, une rue, en face de, au coin de.

_____

_____

_____

_____

_____

Exercice D. L'inconséquence des gens ! Vous avez déjà ordonné certaines actions. Maintenant annulez-les. Chaque phrase aura deux pronoms objets.

> **Modèles :**　Faites-moi la vaisselle. *Non, ne me la faites pas.*
>
> 　　　　　　Allez-vous-en. *Non, ne vous en allez pas.*
>
> 　　　　　　Lisez le conte aux enfants. *Non, ne le leur lisez pas.*

1. Apportez la petite bassine à votre voisine. Non, _____

   _____

2. Rendez-moi mon argent. Non, _____

   _____

3. Envoie-leur ce paquet. Non, _____

   _____

4. Souvenez-vous de ses conseils ! Non, _____

   _____

5. Méfiez-vous des chats. Non, _____

   _____

6. Mets tes lettres dans la boîte. Non, _____

   _____

7. Ecris la lettre à Alphonse. Non, _____

   _____

The third person imperative, infrequent in French, is introduced by **que** and followed by a subjunctive. In English we say, *"Thy will be done"* or *"May the best person win!"* In "La bassine," for example, there is this sentence: **Qu'elle te porte encore chance !** (*May it still bring you luck!*)

Les exclamations : *« How awful! » « What a day! »*

1. With **que** + the indicative verb form, the English equivalent is *How . . .* : **Qu'elle est belle, la petite bassine ! Que tu exagères ! Que je suis bête !**

2. With **que de,** the English meaning is *How much . . . /How many . . . !* or *So much . . . /So many . . . !*: **Que de vaines excuses ! Que de promesses ! Que de convoitise parmi nous !**

3. With **quel/quelle/quels/quelles** the meaning is *What* or *What a . . .* : **Quelle superbe bassine ! Quel couscous délicieux !**

Exercice E. Réagissez ! Faites une liste d'une dizaine de personnalités ou d'événements célèbres. Pour chacun(e), écrivez une phrase exclamative où vous employez *Que, Que de* ou *Quel(s)/Quelle(s)* en tête de la phrase.

> **Modèles :** *Les Jeux olympiques ? « Quel spectacle ! »*
>
> *Le budget des États-Unis ? « Que de problèmes ! »*
>
> *Le Président ? « Qu'il est courageux ! »*

1. _____

2. _____

3. _____

4. _____

5. _____

6. _____

7. _____

8. _____

9. _____

10. _____

III. LES ADVERBES QUI SE TERMINENT EN -MENT

The **-ment** ending in French equals the *-ly* of adverbs in English: *quick > quickly, dear > dearly, short > shortly.* To construct an adverb in French from an adjective, add **-ment** to the masculine form of the adjective if it ends in a vowel: **large > largement, absolu > absolument.** If the masculine form of the adjective does not end in a vowel, add **-ment** to the feminine form: **certain** *(m.)* > **certaine** *(f.)* > **certainement**.

> EXCEPTION:
> If the adjective ends in **-ant (instant)** or **-ent (patient),** drop the final **nt** and add **-mment: instamment, patiemment** (both endings are pronounced [-amã]).

Exercice F. Complétez complètement. Formez l'adverbe des adjectifs et complétez la phrase.

1. digne : Le vieillard lui a répondu _____.

2. seul : _____ une mère comprend sa douleur.

3. visible : Ils étaient _____ choqués.

4. malheureux* : _____, nous n'avons pas pu assister à la fête.

5. suffisant : Il y avait _____ de clients pour garantir le succès du restaurant.

6. doux (f. douce) : La mère dit à l'enfant: —_____, mon petit. Calme-toi.

7. méticuleux : Je nettoierai la bassine _____.

8. brusque : _____ une porte claque dans la nuit.

9. chaleureux : On me reçoit toujours _____.

10. prudent : Il choisit ses mots _____.

---

*Adjectives that end in **-eux** in the masculine become **-euse** in the feminine: **heureux > heureuse.**

LESSON TWO
LE PETIT CHAPERON ROUGE

REVISION
—LE PASSE SIMPLE
—LES PRONOMS REGIMES : OBJETS DIRECTS/INDIRECTS, *Y, EN*
—LES VERBES A CHANGEMENTS ORTHOGRAPHIQUES

I. LE PASSE SIMPLE (*See Appendix A of the Reader for the forms of the* **passé simple.**)

Exercice A. Donnez l'infinitif des verbes suivants.

1. Elle *répondit* à sa mère. _____

2. Elle *eut* peur en entendant la voix du loup. _____

3. Il la *mangea* tout de suite. _____

4. La fille *vint* heurter à la porte. _____

5. Elle *se mit* à courir. _____

6. Il *fut* long à arriver. _____

Exercice B. Dans les phrases suivantes, il y a une grande variété de temps verbaux. Identifiez-les. Pour les verbes qui sont au *passé simple*, donnez l'infinitif.

1. Il tirait la petite corde. _____

2. Il n'osera pas la manger. _____

3. Le loup se jeta sur la grand-mère. _____

4. Il heurte à la porte. _____

5. Elle se trouvait un peu mal. _____

6. Qui est là ? _____

7. La porte s'ouvrit. _____

8. Elle était dans son lit. _____

9. Le petit entendit la grosse voix du loup. _____

10. Elle rencontrait des papillons dans le bois. _____

11. Je vous apporterai une galette. _____

12. Le loup cria « Entrez ! » _____

II. LES PRONOMS : OBJETS DIRECTS / INDIRECTS, *Y, EN*

The Forms

The following chart summarizes the forms of the object pronouns:

DIRECT	INDIRECT à + *person*	à + *thing* or *place* + *thing*	de + *thing* or *quantity* + *thing*
me/te/le/la nous/vous/les	me/te/lui nous/vous/leur	y	en

1. **A** + *person* has a few exceptions where the **à** is retained and a disjunctive pronoun (**moi, toi, lui, elle, nous, vous, eux, elles**) is used: **Nous pensons *à eux*.** Other verbs besides **penser** include **s'intéresser à, s'habituer à, s'adresser à, rêver à, présenter à.**

2. When **de** is followed by a person, retain the **de** and use a disjunctive pronoun: **J'ai peur *de vous*.**

3. The pronoun **en** generally refers to things, not people. It replaces **de** + a noun and its modifiers, or it can replace a quantity + a noun and its modifiers:

   Je prépare *des gâteaux au citron*. J'*en* prépare.
   Il parle *du film qu'il a vu*. Il *en* parle.

   When a quantity is given, the quantity is retained:

   Elle achète *trois chapeaux*. Elle *en* achète *trois*.
   Tu poses *trop de questions*. Tu *en* poses *trop*.

4. The pronoun **y** generally refers to things, not people. It replaces **à** + a noun and its modifiers or a preposition of location + a noun and its modifiers:

Elle répond *à ma lettre.* Elle *y* répond.

Tu trouves ton carnet *dans ton bureau.* Tu *y* trouves *ton carnet.* (**Y** in this sentence functions as an adverb meaning *there.*)

The Position of Object Pronouns

1. With a *simple verb* (i.e., no auxiliary verb), the object pronouns precede the verb:

   Tu ne *me* réponds pas. *La* vois-tu ? Elles *nous* entendent.

2. With a *compound verb* (i.e., an auxiliary verb + past participle), the pronouns precede the auxiliary verb:

   M'as-tu compris ? Il ne *t'*a pas vu(e).

3. When the pronouns are objects of the *infinitive*, they precede the infinitive:

   Il réussit à *lui parler.* On a l'intention d'*y aller.*

More than one object pronoun? See the chart below:

SUBJECT	me	le	lui	y	en	VERB
	te	la	leur			
	se	les				
	nous					
	vous					

ATTENTION:
For the position of object pronouns with the imperative, see the charts in Lesson 1, p. 3.

Exercice C. Recopiez la phrase ou la question en remplaçant les mots soulignés par le pronom qui convient. Avant de commencer cet exercice, étudiez les exceptions où l'on garde la préposition et emploie le pronom disjoint (Section II, 1 et 2).

1. Le loup dévore <u>la grand-mère</u> en moins de rien.

   _____

2. Il demanda <u>à la fille</u> où elle allait.

   _____

3. Je vous offre une <u>tasse de thé à la menthe.</u>

_____

4. La petite fille s'adresse <u>aux bûcherons.</u>

_____

5. Il s'est caché <u>derrière un arbre.</u>

_____

6. Elle nous envoie plusieurs <u>pots de beurre.</u>

_____

7. La grand-mère avait-elle besoin de <u>sa fille ?</u>

_____

8. Elle habite <u>à côté du moulin.</u>

_____

9. Le loup regarde-t-il <u>la jeune fille ?</u>

_____

10. Il ne se couche pas <u>dans la maison.</u>

_____

11. Elle n'a pas donné <u>le pain à sa grand-mère.</u>

_____

12. A-t-on tué <u>le loup ?</u>

_____

13. Nous allons remplacer <u>les mots soulignés</u> par un pronom.

_____

14. La mère pense <u>aux pots de beurre apportés par sa fille.</u>

_____

15. Nous nous intéressons à <u>ces filles.</u>

_____

 Lesson 2

Exercice D: Remplacez les mots soulignés par le pronom qui convient. Attention à la place des pronoms quand il y a des infinitifs ou des verbes à l'impératif : Il va *me manger !* Je viens de *le voir. Donnez-le-moi.*

1. Nous ne les voyons pas souvent <u>au cinéma.</u>

   _____

2. Elle m'envoie <u>des fleurs.</u>

   _____

3. Apporte <u>ces fleurs à ta petite amie.</u>

   _____

4. Elle avait envie de cueillir <u>des noisettes.</u>

   _____

5. Il vous attendra <u>devant sa maison.</u>

   _____

6. Elle est arrivée tard <u>chez sa grand-mère.</u>

   _____

7. On a heurté <u>à la porte :</u> toc ! toc ! toc !

   _____

8. N'ayez pas peur <u>de la grand-mère.</u>

   _____

9. Elle a rencontré <u>le loup dans le bois.</u>

   _____

10. Le loup voulait manger <u>la jeune fille.</u>

   _____

11. Ne parlez pas <u>aux loups !</u>

   _____

12. Elle a posé <u>des questions au loup.</u>

   _____

5. combien elle paie ses livres de classe. _____

_____

Exercice G. Répondez aux questions suivantes. Attention à la forme du verbe.

1. Vous ennuyez-vous le dimanche ? _____

2. Quels produits employez-vous pour faire une galette ? _____

_____

3. Combien de fois par mois est-ce que vous achetez un nouveau pull ou un bouquet

de fleurs ? _____

_____

4. Quand vous avez faim, est-ce que vous vous jetez sur votre repas ? _____

_____

5. Est-ce que vous envoyez souvent des lettres ? _____

_____

6. Combien payez-vous les frais d'inscription à votre université ? _____

_____

Exercice H. Composition éclair. En employant les verbes suivants, racontez ce que vous faites quand vous vous ennuyez : s'ennuyer, nettoyer, envoyer, jeter les ordures (*trash*), achever, répéter, acheter, payer, espérer.

_____

_____

_____

_____

_____

_____

_____

_____

LESSON THREE
LES MAXIMES

REVISION
—LA NEGATION
—LE COMPARATIF ET LE SUPERLATIF DES ADVERBES ET DES ADJECTIFS

I. LA NEGATION

Negation in French is usually represented by two words: the negative particle **ne** and a second word, such as **pas, rien, jamais.** See Appendix B for a list of the most common negative expressions.

Position of the Negatives in the Sentence

1. With a *simple verb* (no auxiliary verb), place **ne** before any object pronouns and the verb and the second expression after the verb: **Elle ne dira rien. Nous ne l'oublierons jamais. Tu ne me crois plus.**

2. With a *compound verb* (an auxiliary verb and a past participle), the **ne** precedes the auxiliary verb and any object pronouns; the second word usually stands after the auxiliary verb: **Il ne m'a plus écrit. N'a-t-elle jamais répondu ? On n'a rien vu.**

   ATTENTION:
   Elle n'a vu personne. (**Personne** stands after the participle.)

3. With an *infinitive,* **ne** and the second negative word precede the infinitive: **Nous avons peur de ne pas y réussir. J'ai promis de ne point l'oublier.**

4. When the negative word is the *subject of the sentence,* the word order changes: **Rien ne s'est passé. Personne n'est venu. Aucune passion ne vaut celle de la femme habile.**

5. When responding without a verb, the **ne** is dropped: **—Qu'as-tu vu ? —Rien. —Me pardonneras-tu ? —Jamais !**

6. Study the following examples for the use of **ne... ni... ni:**

Subject:	Ni Paule ni Pierre ne sont ici.
Object:	Nous n'aimons ni les carottes ni les tomates.
Object of a preposition:	Elle n'est ni devant la bibliothèque ni dans sa chambre.
Verb:	Je ne parle ni n'écris l'italien.

ATTENTION:
Remember that when the partitive or indefinite articles follow a negative verb, the form usually becomes **de : Il n'a plus d'amis.** (See Lesson 13, p. 101 if you need to review this structure.)

Exercice A. Remplacez le « ne… pas » avec la forme négative suggérée. Faites les changements nécessaires.

1. L'amour n'est pas éternel. (ne… guère)

   _____

2. Tu n'as pas vu le voisin. (ne… personne)

   _____

3. Ne me réveillez pas avant dix heures. (ne… jamais)

   _____

4. Etre ou ne pas être, voilà la question. (ne… plus)

   _____

5. Il est dangereux de ne pas manger. (ne… rien)

   _____

6. Je ne dis pas cela. (ne… rien)

   _____

Exercice B. Quel caractère ! Vous trouverez une liste de qualités de caractère ci-dessous. Changez-les en défauts de caractère en employant l'expression négative entre parenthèses. Faites les changements nécessaires.

1. Elle a souvent donné de bons conseils. (ne… jamais)

   Défaut: _____

2. Tout le monde admire l'honnêteté. (personne… ne)

   Défaut: _____

3. Nous déguisons nos passions. (ne… point)

   Défaut: _____

4. Elle plaît beaucoup à ses voisins. (ne… guère)

Défaut: _____

5. Tu pardonnes la colère et le mensonge. (ne... ni... ni)

Défaut: _____

6. On m'a appelé vertueux. (ne... jamais)

Défaut: _____

7. Il cherche toujours les honnêtes gens. (ne... plus)

Défaut: _____

Exercice C. La perfectionniste. Dans le paragraphe qui suit vous avez un portrait flatteur de Marceline. En employant une grande variété d'expressions négatives, imaginez un portrait moins positif. Faites les changements nécessaires.

Modèle : Marceline est honnête. *Marceline n'est pas honnête.*

« Marceline est extraordinaire, vraiment. Elle aime tout le monde, la plupart du temps sa chambre est en ordre, et elle prête son argent librement. D'ailleurs, on dit qu'elle paie toutes ses dettes, répond tout de suite aux lettres, et arrive presque toujours à l'heure. On constate aussi qu'elle est généreuse et tolérante. Et surtout, surtout, elle est constamment de bonne humeur. C'est clair, n'est-ce pas ? Elle est insupportable ! »

_____

_____

_____

_____

_____

_____

_____

_____

_____

_____

II. LE COMPARATIF ET LE SUPERLATIF

1. There are three levels of *comparisons*: **plus... que** *(more . . . than)*, **moins... que** *(less . . . than)*, and **aussi... que** *(as . . . as)*:

   Ils sont *plus habiles que nous.*

   Nous sommes *moins égoïstes que les autres.*

   Vous êtes *aussi fou que moi* !

   If **plus** or **moins** are followed by numbers, use **plus *de*, moins *de*:**

   Il y a *plus de 20 étudiants* dans la classe.

   Il me reste *moins de dix francs.*

   EXCEPTIONS:
   The comparative of the adjective **bon** is **meilleur** (**Thomas est meilleur que toi.**); of the adjective **mauvais, pire** (or **pis**) (**Il est pire de mentir que d'être en retard.**). The comparative of the adverb **bien** is **mieux** (**Il chante mieux que moi.**); of **mal, pire** (or **pis**). (**Tant pis !** = *Too bad!* **Tant mieux !** = *Great! So much the better.*)

2. To form the *superlative* of adjectives, use the definite article + **plus/moins** + adjective: **les meilleures règles, le plus beau jardin.** But when the adjective follows the noun, remember to repeat the article: **la flatterie la plus basse, le choix le plus pénible.**

Exercice D. A mon avis. Comparez les objets suivants en employant le vocabulaire entre parenthèses.

1. les Nikes comparés aux Reeboks (on / courir / vite)

   _____

2. le Tide comparé au Cheer (nettoyer / vêtements / propre = *clean*)

   _____

3. la glace comparée au yaourt (être / crémeuse)

   _____

4. le *New York Times* comparé au *National Enquirer* (le public / acheter / souvent)

   _____

5. la Peugeot comparée à la Renault (se vendre / bien)

   _____

6. un livre de Twain comparé à un livre du Dr. Seuss (faire rire / souvent)

_____

7. un sonnet comparé à un dictionnaire (être / long)

_____

8. la ville de Los Angeles comparée à la ville de Boston (être / grand)

_____

Exercice E. Il faut choisir. Maintenant faites vos propres phrases en comparant les personnes ou les idées suivantes.

1. Sinéad O'Connor chante bien. Et Whitney Houston ?

_____

2. David Letterman est fort drôle. Et Dana Carvey ?

_____

3. David Bowie joue bien. Et Michael Bolton ?

_____

4. Thurgood Marshall était un membre assez libéral de la Cour Suprême. Et Clarence Thomas ?

_____

5. On lit souvent la poésie de Robert Frost. Et celle de Maya Angelou ?

_____

6. Le travail en plein air est bon. Et le travail au bureau ?

_____

7. Le mariage offre beaucoup. Et vivre sans se marier ?

_____

8. La compassion nous guide. Et l'amour-propre ?

_____

9. Les riches mènent une vie privilégiée. Et les pauvres ?

_____

Exercice F. Les médias nous parlent. D'après les medias, identifiez quelles personnalités auraient les rôles suivants. Pensez à la politique, au sport, au cinéma, bref, à l'actualité.

1. _____ est le plus subtile des comédiens.

2. _____ est parmi les journalistes les plus connus de la télé.

3. _____ est le plus habile du domaine politique.

4. _____ est le plus éloquent des orateurs au Sénat américain.

5. _____ est la meilleure des actrices de moins de 30 ans.

6. _____ est le criminel le plus détesté de cette génération.

LESSON FOUR

HISTOIRE D'UN BON BRAMIN

REVISION
—LE PASSE SIMPLE ET LE PASSE COMPOSE
—COMMENT DECRIRE AVEC : L'ADVERBE
                                     LE COMPLEMENT DE NOM
                                     LA PROPOSITION RELATIVE

I. LE PASSE SIMPLE ET LE PASSE COMPOSE

If you need to review the forms of the **passé simple,** see Appendix A of the Reader. To review when it is used, see Lesson 1, p. 1.

Le passé composé and Its Forms

The **passé composé** is a compound tense, that is, there is an auxiliary verb and a past participle. In most cases, the auxiliary verb is **avoir (tu as donné, avez-vous entendu ? , je n'ai rien dit). Etre** is the auxiliary verb only with pronominal verbs (**s'habiller, se demander)** and that small group of verbs where you change place (**aller, venir, entrer, naître, sortir,** etc.). See Appendix A.3 if you need to review the forms of the past participle.

Agreement of the Past Participle

With verbs of the group **aller, arriver, sortir, mourir,** etc., there is agreement between the subject and the past participle *(nous* **sommes arrivés,** *elle* **est morte en couches).**

With the pronominals and verbs conjugated with **avoir,** there is agreement between a direct object that precedes the verb and the past participle (**la** *bassine* **que j'ai empruntée, elle s'est déshabillée, il** *nous* **a vu(e)s, on** *la* **leur a envoyée).**

Exercice A. Changez les phrases suivantes au *passé composé.*

1. Il ne *put* pas m'aider. _____

2. Son état me *fit* une vraie peine. _____

   _____

3. Ils *furent* de mon avis. _____

4. Je *vis* la vieille bigote. _____

5. Elle *ne comprit même pas* la question. _____

_____

6. Je *revins* à mon philosophe. _____

_____

7. Ses réponses me *firent* une grande impression. _____

_____

8. Je leur *proposai* une solution. _____

9. La réponse lui *fut* cachée. _____

10. Elle *partit* pour la Mecque. _____

Exercice B. Mettez le verbe au *passé composé*. Attention à l'accord du participe passé :
Faut-il ajouter *e* ou *s* ?

1. Les enfants (se coucher) _____ à neuf heures.

2. Ils (se rencontrer) _____ dans le jardin du philosophe.

3. Où est-ce que vous (se marier) _____ ?

4. Voilà le cadeau qu'ils (s'acheter) _____.

5. Elles (se voir) _____ assez souvent au cinéma.

6. Les fanatiques (se tuer) _____.

7. Nous (se regarder) _____ avec surprise.

8. Ils (s'habiller) _____ après s'être levés.

Exercice C. Mettez les verbes au *passé composé*, en remplaçant les mots soulignés par le pronom qui convient. Attention à l'accord du participe passé.

Modèle :   Il voit <u>sa voisine</u>. *Il l'a vue.*

1. Le bon bramin comprend <u>les philosophes</u>.

_____

2. Elle lit <u>les livres à son père</u>.

_____

3. Il plonge <u>la bassine dans l'eau chaude</u>.

_____

4. Le bramin reconnaît <u>sa propre ignorance</u>.

_____

5. Ils se retrouvent <u>au café</u>.

_____

6. Les soldats meurent <u>dans la bataille</u>.

_____

7. Où est-ce qu'elle achète <u>du pain</u> ?

_____

8. La mère couche <u>ses enfants</u> de bonne heure.

_____

Exercice D. Mettez les verbes au *passé composé*. Attention aux participes passés. Il n'y en a que quatre qui prennent un *e* ou un *s* dans cet exercice. N'oubliez pas que c'est l'objet direct—*pas indirect*—qui demande l'accord.

1. Elles se disent au revoir. (dire qqch à qqn)

_____

2. Nous nous téléphonons hier. (téléphoner à qqn)

_____

3. Voilà les enfants que nous aidons.

_____

4. Il nous entend.

_____

5. Quels livres achète-t-il ?

_____

6. Quand est-ce que ton pessimisme naît ?

_____

7. Les philosophes s'écrivent souvent.

_____

8. Les voisines se parlent de la condition humaine.

_____

II. LA DESCRIPTION

When Voltaire describes the bramin, his family and neighbors, he uses three techniques:

> **Le bramin fut _fort sage._** (adverb + descriptive adjective)
> **Le philosophe fut _plein d'esprit._** (adjective + complement)
> **Il avait trois femmes _qui s'étudiaient à lui plaire._** (relative clause)

You, too, can use these techniques to write more interesting sentences. For practice, complete the following exercises.

Exercice E. Fort intéressant ! Répondez aux questions suivantes en ajoutant un des adverbes ci-dessous à l'adjectif pour rendre la réponse plus intéressante.

fort (_very_)	Il est fort sage.
bien (_very_)	Il est bien sage.
très (_very_)	Il est très sage.
assez (_rather_)	Le jardin est assez petit.
peu (_hardly_)	Ce livre est peu intéressant.
un peu (_a little_)	Ces enfants sont un peu timides.
trop (_too_)	Tu es trop gentil.

1. Tu aimes mon chapeau ? (joli)

Je le trouve _____

2. Et le film ? (violent)

    Je le trouve _____

3. Et ton camarade de chambre ? (sérieux)

    Je le trouve _____

4. Et ton professeur ? (travailleur)

    Je le trouve _____

5. Et la Peugeot 1995 ? (cher)

    Je la trouve _____

6. Et ce roman policier que tu lis ? (compliqué)

    Je le trouve _____

7. Et la cuisine au restaurant universitaire ? (appétissant)

    Je la trouve _____

8. Et ce bouquet de tulipes ? (beau)

    Je le trouve _____

Exercice F. Compliment par le complément. Employez l'expression *plein(e)(s) de* pour décrire les personnalités suivantes.

  Modèle :   le bramin   *Le bramin était plein d'esprit.*

a. imagination	f. finesse
b. grâce	g. audace
c. esprit	h. intelligence
d. vigueur	i. talent
e. enthousiasme	j. colère

1. Rudolph Nureyev _____

2. Steven Spielberg _____

3. Andy Warhol _____

4. Mike Tyson _____

5. Beverly Sills _____

6. Michael Jackson _____

7. Eddie Murphy _____

8. Monica Seles _____

Tout est relatif (The Relative Clause)

The chart below reviews the forms of the relative pronouns.

	Subject of clause	Object	Preposition *de*	Object of other prepositions
person:	qui	que	dont*	qui
thing:	qui	que	dont*	lequel, etc.

*ATTENTION:

The English relative pronoun *whose* is expressed in French by **dont. C'est une dame dont le nom m'est inconnu. Tu connais Serge dont les parents habitent près d'ici ?**

Exercice G. En employant les pronoms relatifs, combinez les deux phrases selon les modèles. Insérez la deuxième phrase dans la première.

Modèles : La vieille est assez pauvre. Elle parle.

La vieille qui parle est assez pauvre.

La mosquée est connue dans le monde entier.

Nous admirons sa beauté.

La mosquée dont nous admirons la beauté est connue dans le monde entier.

1. La mort est patiente. Elle nous attend tous. _____

_____

2. Le film a été bien reçu. Oliver Stone en était le metteur en scène (*director*).

_____

_____

3. Le jardin est charmant. Je vois le jardin d'ici. _____

_____

 Lesson 4

4. La vieille bigote me fait pitié. Je la vois tous les jours. _____

_____

5. Le philosophe habite derrière le moulin. Tu parles de lui. _____

_____

6. Les voisins sont fort aimables. Tu habites chez eux. _____

_____

7. Nous avons acheté deux petits terrains. Un banquier les a vendus. _____

_____

8. Je viens de rencontrer un vieil ami. Il ne manque de rien. _____

_____

9. Les autres savants sont de mon avis. Je parle avec eux. _____

_____

LESSON FIVE
LIVRET DE FAMILLE *and* 1 + 1 = 2

REVISION

COMMENT DECRIRE EN EMPLOYANT :
—LES QUANTITES
—LES ADJECTIFS IRREGULIERS

I. LES QUANTITES + *DE*

Numbers + the suffix *-aine*

When the indefinite article precedes a number and the suffix **-aine** is attached to the number, it has the meaning of "about":

> **une douzaine de passagers**
> **une quinzaine d'invités**

ATTENTION:
1. **dix > une dizaine**
2. He's *about* forty years old. **Il a la quarantaine.** (when speaking about one's age)

Exercice A. Répondez aux questions suivantes en employant le suffixe **-aine.** Faites les changements nécessaires.

1. Combien d'étudiants y a-t-il dans ta classe ? (*about 20*)

   _____

2. Combien de films vois-tu par an ? (*30 some*)

   _____

3. Combien de croissants as-tu achetés ? (*about 10*)

   _____

4. Combien de spectateurs y avait-il au concert ? (*about 100*)

   _____

5. Quel âge a le président américain, M. Clinton ? (*40 something*)

_____

Adverbs of quantity + *de* + noun

The most important thing to remember about using adverbs of quantity is that they are followed by **de** then the noun:

> **trop de bruit; assez de bicyclettes**
> **peu de clients; beaucoup de courage**

> EXCEPTIONS:
> **bien + des + plural noun** when used as a synonym for **beaucoup de; la plupart + des + plural noun** and **la plus grande partie + du/de la + singular noun,** meaning "most":

> **la plupart des voyageurs**
> **la plus grande partie de la recette**

Exercice B. Ajoutez l'adverbe entre parenthèses à ces phrases et faites tous les changements nécessaires.

1. (beaucoup) Il a mis de la crème dans son café.

_____

2. (combien ?) Il a mis du sucre dans son yaourt.

_____

3. (assez) Elle a acheté des côtelettes pour toute la famille.

_____

4. (la plupart) Elle a goûté des fruits.

_____

5. (bien) Les petits ont dévoré des bonbons.

_____

6. (peu) Mon frère fait des achats.

_____

7. (trop) Il lit des bandes dessinées.

_____

8. (combien ?) Il a passé une heure à préparer le dîner.

_____

9. (un peu) Mettez-vous du sel sur la truite ?

_____

10. (la plupart) Les gens aiment les traditions.

_____

Quantities + a pronoun

If you replace the noun that follows the quantity with a pronoun, you will use **en: Il a mis beaucoup de personnages** dans son conte. Il **en** a mis **beaucoup** dans son conte. *He put a lot (of them) in his story.*

Exercice C. Refaites Exercice B et remplacez les noms par le pronom *en* tout en gardant la quantité. Le participe passé ne s'accorde pas avec *en*.

1. _____

2. _____

3. _____

4. _____

5. _____

6. _____

7. _____

8. _____

9. _____

10. _____

Nouns of quantity + *de* + noun

Again, it is important to remember that these nouns of quantity are followed by **de** only. Here are some examples: **une bouteille de vin blanc; un verre de lait; un tas** (*stack, heap*) **de choses à faire.**

Exercice D. Vous allez au supermarché pour acheter vos provisions pour la semaine prochaine. Faites une liste de ce qu'il vous faut en employant les quantités à droite.

1. _____ veau   a. une tranche

2. _____ tomates   b. 2 kilos

3. _____ porc   c. un litre

4. _____ sucre   d. 100 grammes

5. _____ cidre   e. 3 côtelettes

6. _____ camembert   f. 2 escalopes

Exercice E. Vous préparez une sauce italienne pour des spaghettis. Voilà les ingrédients, les quantités et quelques verbes utiles. Ecrivez la recette.

Ingrédients	Quantités	Verbes
tomates	1/4 tasse	mijoter (*simmer*)
huile d'olives	une cuillère	tourner (*stir*)
ail (*garlic*)	2 boîtes	mettre
oignons	1/2 cuillère	verser (*pour*)
origan	1/2 tasse	
basilic	2 boutons	

_____

_____

_____

_____

_____

 Lesson 5

Adjectives of quantity + *de* + noun

Again, the adjective is followed by **de.** Here are some examples:

> **Les jeunes sont pleins d'enthousiasme.**
> **La bouteille fut remplie de vin.**

Note also that adjectives like **couvert,** while not quantities, follow the same pattern: **La table est couverte d'assiettes.**

ATTENTION:
The adjective agrees with the noun.

Exercice F. Le portrait. Faites des descriptions en employant *plein(e)(s) de* et un nom à droite. Attention à l'accord.

Mots utiles :

1. un maire _____   astuce

2. une musicienne _____   souplesse

3. des danseuses _____   énergie

4. une institutrice _____   talent

Exercice G. Le living. Faites des descriptions en employant *couvert de, rempli de* ou *plein de* et un nom à droite. Attention à l'accord.

Mots utiles :

1. un fauteuil _____   documents

2. un bureau _____   papiers

3. une table _____   fleurs

4. des murs _____   journaux

5. un vase _____   livres

6. une bibliothèque _____   tableaux

II. LES ADJECTIFS IRREGULIERS

The forms of some irregular adjectives can be grouped into categories according to their endings:

Masculine	Feminine	Masculine	Feminine
-if	-ive :	actif	active
-en	-enne:	parisien	parisienne
-eur	-euse :	travailleur	travailleuse
-eux	-euse :	sérieux	sérieuse
-er	-ère :	dernier	dernière
-s	-sse :	gros	grosse

Exercice H. Changez la forme de l'adjectif selon le nom indiqué.

1. (naïf) Les invités étaient bien _____.

2. (actif) Les nageuses sont _____ surtout en été.

3. (positif) Son attitude pourrait être plus _____.

4. (australien) « Waltzing Mathilda » est une chanson _____.

5. (canadien) Les montagnes rocheuses _____ sont superbes.

6. (moyen) C'est surtout la classe _____ qui profite de cette nouvelle loi.

7. (travailleur) J'ai remarqué que ces femmes sont _____.

8. (autrichien) Mozart et Mahler furent _____.

9. (italien) Les Alpes (f.) _____ sont sur la frontière ouest du pays.

10. (sportif) C'est un jeune homme qui aime les filles _____.

Exercice I. Dans cet exercice employez les adjectifs dans les catégories **-eux / -euse, -s / -sse** et **-er / -ère.**

1. (nerveux) Avant la course les chevaux sont _____.

2. (malheureux) Il est toujours _____ loin de chez lui.

3. (furieux) Son épouse sera _____ quand elle entendra cette nouvelle.

 Lesson 5

4. (cher) Ce sont de très _____ amis.

5. (fier) Elles en sont si _____.

6. (dernier) L'année _____, nous étions en France.

7. (bas) Nous nous sommes trouvés dans une salle _____ et étroite.

8. (épais) Elle en demande trois tranches bien _____.

9. (gros) Quant à sa figure, il avait de _____ lèvres (*f.*).

10. (vaniteux) Celle qui est _____ a un défaut de caractère.

Des cas particuliers

The chart below gives the irregular forms of individual exceptions. Those on the left, along with the regular adjectives **petit** and **mauvais**, are the short/common ones that *precede* the noun. Those on the right *follow* the noun.

PRECEDE		FOLLOW	
Masculine	Feminine	Masculine	Feminine
vieux (vieil)	vieille	doux	douce
beau (bel)	belle	sec	sèche
bon	bonne	bref	brève
long	longue	favori	favorite
nouveau (nouvel)	nouvelle	frais	fraîche
		blanc	blanche

Exercice J. Écrivez des phrases en utilisant les mots suivants et en faisant l'accord des adjectifs.

1. Julie Dupont / dormir / un lit / une couverture / blanc.

   _____

2. L'amoureuse / habiter / une distance / long / de lui.

   _____

3. Souvent / les femmes / trouver / noms / jeunes filles / plus / beau.

   _____

4. Ils / chercher / nouveau / appartement.

_____

5. Ça / rappeler / bon / vieux / temps (*pluriel*).

_____

6. Dans la / mauvais / saison / on / chercher / bon / parapluie.

_____

Exercice K. Trouvez l'adjectif qui convient au nom. Faites les changements nécessaires.

1. une pluie _____   a. favori

2. la neige _____   b. frais

3. les années _____   c. bref

4. mes disques _____   d. doux

5. un vent _____   e. sec

6. une maison _____   f. blanc

LESSON SIX

LE MENDIANT

REVISION

— LE VERBE *DEVOIR*
— RACONTER AU PASSE AVEC :
      LE PASSE COMPOSE, L'IMPARFAIT
      APRES + INFINITIF PASSE
      AVANT DE + INFINITIF

I. LE VERBE *DEVOIR*

The irregular verb **devoir,** used quite often in French, has many meanings. The forms in various tenses and their meanings follow:

Present

je dois	nous devons
tu dois	vous devez
il/elle doit	ils/elles doivent

Je lui *dois* dix francs.	*I **owe** her 10 francs.*
Je *dois rentrer* à 6 h.	devoir + infinitive
	*I **am (supposed)** to be home at 6:00.*
	*I **am expected** home at 6:00.*
	*I **must** be home at 6:00.* (a mild obligation compared to: **Il faut que je rentre à 6 h.** *I **have** to be home at 6:00.*)
Elle *doit* être malade; elle n'est pas venue.	*She **must** be sick.* (probability)

Future

Elle devra rentrer à 11 h.	*She **will have** to be home at 11.*

Imperfect

Elle devait rentrer à 11 h.	*She **used to have to/was supposed** to be home at 11.* (obligation)

Passé composé

J'ai dû le faire.	*I **had to** do it.* (necessity)
J'ai dû l'oublier.	*I **must have** forgotten it.* (probability)

Conditional

Je devrais aider ma mère.	*I **should/ought to** help my mother* (moral obligation in present)

Past Conditional

J'aurais dû l'aider.	*I **should have/ought to** have helped her.* (moral obligation in past)

Exercice A. Payez vos dettes. (devoir = *to owe*) Enumérez ce que vous devez aux autres au moment actuel et pourquoi. Ne limitez pas votre réponse à l'argent. Il y a d'autres dettes : des lettres, des coups de téléphone, des vêtements empruntés, des cadeaux, des heures de travail, un repas au resto (restaurant universitaire), une composition pour un prof d'anglais, etc.

> Modèle : à ma sœur (20 francs / prêter)
>
> *Je dois 20 francs à ma sœur. Elle me les a prêtés.*

1. à l'université (5 mille dollars / les frais d'inscription)

   _____

2. à mon camarade de chambre (200 francs / emprunter)

   _____

3. à la bibliothèque (25 dollars / livres / rendre en retard)

   _____

4. à ma petite amie (un repas fabuleux / un anniversaire)

   _____

 Lesson 6

5. à la banque et à ma carte de Visa (cadeaux de Noël / acheter)

_____

6. à ma mère (un coup de téléphone / expliquer / une note de classe)

_____

7. à mon père (une lettre / utiliser / le téléphone)

_____

8. à mes grands-parents (un grand « merci » / prêter)

_____

Exercice B. (devoir = *to owe*) Seul un amnésique peut dire « Je ne dois rien à qui que ce soit ». Et les autres, qu'est-ce qu'ils vous doivent ?

Modèle :   *Ma copine me doit une lettre.*

1. Mes copains _____

2. Mon frère/ma sœur _____

3. Mon professeur _____

4. Vous _____

5. Tu _____

Exercice C. Les choses à faire. (devoir = *necessity*) Qu'est-ce que vous devez faire à certains moments de votre vie ?

1. Cette semaine ? Commencez votre réponse par : « Je dois… »

_____

_____

2. Et la semaine prochaine ? Commencez par : « Je devrai… »

_____

_____

3. Quand vous aviez 10 ans ? Commencez par : « Je devais... »

_____

_____

Exercice D. On regrette... Nommez cinq choses que vous auriez dû faire (mais que vous n'avez pas faites) dans les situations (imaginaires) suivantes. Commencez votre réponse par *j'aurais dû...*

1. Quand j'avais quatorze ans, _____

_____

2. Quand mon ami est tombé malade, _____

_____

3. Avant de venir à l'université _____

_____

4. L'été passé _____

_____

5. Pendant les vacances de Noël _____

_____

Exercice E. La probabilité. Employez le passé composé du verbe *devoir* (*probably, must have*). Ecrivez une phrase qui explique ce que la personne a dû faire pour réussir.

    Modèle :   Balzac (écrire / romans)

              Balzac a dû écrire des douzaines de romans.

1. Sting (trouver / des musiciens / plein de talent) _____

_____

2. Oprah Winfrey (émouvoir / le public) _____

_____

3. vos grands-parents (économiser) _____

_____

4. Albert Einstein (poursuivre / sa théorie) _____

_____

5. Amerigo Vespucci (espérer / voir / terres inconnues) _____

_____

II. COMMENT RACONTER AU PASSE

To review how to form the **passé composé,** see Lesson 4. As for when to use the **passé composé** and the imperfect, think of a film in a movie projector. Each new frame projected on the screen, like the **passé composé,** advances the action, moves the story forward. When you stop the forward motion, however, and freeze a frame, then, like the imperfect tense, you see the background material. Remember, use the imperfect for (1) description in the past, (2) habitual or continuous action in the past.

Exercice F. Lisez la petite scène ci-dessous où l'on raconte l'action de l'histoire au *passé composé.*

Martine est rentrée avec son fils. Lui et elle, ils ont décidé de ne pas faire la cuisine. Il a téléphoné au restaurant pour une réservation. Il a téléphoné une deuxième fois et a réussi à parler au maître d'hôtel. On leur a trouvé une table. Ils se sont mis en route tout de suite.

Maintenant c'est à vous d'ajouter la description en écrivant des phrases (à l'imparfait) avec le vocabulaire suivant pour compléter la scène.

1. elle / être / fatiguée / longue journée de travail _____

_____

2. ils / avoir / faim _____

_____

3. d'ailleurs / dîner / chez eux / tous les jours _____

_____

4. la ligne / être / occupée _____

_____

5. vouloir / réserver / table _____

_____

6. ils / avoir / de la chance _____

_____

Version finale. Ecrivez la version finale de la scène en y insérant les phrases à l'imparfait que vous venez d'écrire.

_____

_____

_____

_____

_____

_____

_____

_____

_____

_____

_____

_____

_____

_____

_____

Exercice G. Mettez les phrases suivantes dans un ordre chronologique (1–5) qui vous semble raisonnable.

_____ Un groupe de terroristes irlandais a kidnappé et assassiné le soldat.

_____ Pourtant un des terroristes s' est échappé, s'est rendu à Londres et a trouvé la petite amie du soldat mort.

_____ Un soldat anglais faisait son service militaire en Irlande.

_____ Le terroriste et la petite amie ont commencé à se respecter, peut-être à s'aimer.

_____ L'armée anglaise a découvert les terroristes et en a tué plusieurs.

Version finale. Maintenant (1) ajoutez les adverbes suivants qui soulignent l'ordre du récit et (2) écrivez une version finale du scénario (à corriger en classe).

ensuite	trop tard
enfin	au printemps de 1980
un jour	

_____

_____

_____

_____

_____

_____

_____

_____

_____

_____

_____

L'EMPLOI DU PASSE DE L'INFINITIF

How to form the past infinitive:

après + *auxiliary verb* (**avoir** *ou* **être**) + **participe passé**

> Après *s'être habillée*, elle...
> Après *avoir étudié* le problème, ils...
> Après *avoir déjeuné*, nous...

Use **après** and the past infinitive when one action in the past precedes another action in the past:

> **Après s'être habillée, elle est sortie.**
> **Après avoir étudié le problème, ils ont compris.**
> **Après avoir déjeuné, on s'est remis au travail.**

ATTENTION:
The subject of both the main verb and the past infinitive is the same.

Exercice H. Déterminez laquelle des deux phrases précède l'autre. Ensuite combinez les deux phrases en employant **après** + le passé de l'infinitif.

> **Modèle :** La dame est sortie de l'église. Elle s'est approchée du mendiant.
>
> *Après être sortie de l'église, elle s'est approchée du mendiant.*

1. Elle s'est reposée le soir. Elle a passé une journée très chargée. _____

   _____

2. Tu as vidé le carton. Tu l'as jeté. _____

   _____

3. Ils se sont fâchés. Ils se sont réconciliés. _____

   _____

4. Elle s'en est allée. Elle a parlé avec eux. _____

   _____

5. Il a découvert le moribond. Il a téléphoné à la police. _____

   _____

6. Vous avez promené le chien. Vous vous êtes couché(e). _____

   _____

7. Ils sont arrivés à la plage. Ils ont nagé dans la mer. _____

   _____

8. Ces revues ? Je les ai lues. Je les ai données à Martin. _____

   _____

 Lesson 6

9. Mes amis ? Je leur ai écrit. J'ai mis les lettres à la poste. _____

_____

10. Nous nous sommes parlé; nous nous sommes quittés. _____

_____

AVANT DE + PRESENT INFINITIVE

Avant de (*before*) is followed by a present infinitive in French: **avant de parler** (*before speaking*), **avant de payer** (*before paying*), **avant de prêter la bassine** (*before loaning the bowl*).

Exercice I. Après avoir décidé laquelle des deux phrases précède l'autre, combinez-les dans une seule phrase en employant *avant de*.

Modèle :   J'ai réfléchi à la question. J'ai répondu à la question.

Avant de répondre à la question, j'y ai réfléchi. (y = à la question)

1. Il a fait une promenade. Il s'est couché. _____

_____

2. Ils se sont vus souvent. Ils se sont salués. _____

_____

3. Elle l'a embrassé. Elle lui a souri. _____

_____

4. Il est resté quelques moments devant la maison. Il est allé chercher son journal.

_____

5. Le mendiant cherchait la dame au foulard. Il est tombé malade. _____

_____

LESSON SEVEN

LA COLOMBE DE L'ARCHE

REVISION
—LES PRONOMS RELATIFS

LES PRONOMS RELATIFS

The chart below reviews the forms of the relative pronouns. See Lesson 4 for further practice.

	Subject of clause	Object	Object of preposition *de*	Object of other prepositions
person:	qui	que	dont	qui
thing:	qui	que	dont	lequel, etc.; où*

*The relative pronoun **où** designates location:

Le restaurant *où il dîne tous les soirs* est dans son quartier.

Why use relative pronouns?

When we speak without relative pronouns our sentences are short and boring; for instance, *I have a brother. He lives in N.Y. I respect him a lot. We studied the play. We want to see it.*

The style improves when you combine the sentences:

Main Clause	Relative Clause
I have a brother	*who lives in N.Y. and whom I respect a lot.*
J'ai un frère	**qui habite à N.Y. et que je respecte beaucoup.**
We want to see the play	*(that) we studied.*
Nous voulons voir la pièce	**que nous avons étudiée.**

Which pronoun should you use?

Once you can identify the relative clause, you will know which pronoun to use (subject, object, object of a preposition).

1. **J'ai un frère ( )** *habite à New York.*

   If the relative clause needs a subject, use **qui:**

   > **J'ai un frère** *qui habite à New York.*

2. **Nous voulons voir la pièce ( )** *nous avons étudiée.*

   If the subject is already present **(nous),** next see if there is a preposition attached to the verb **(donner à, sortir avec).** If not, you need the object pronoun **que:**

   > **Nous voulons voir la pièce** *que nous avons étudiée.*

3. **Le forgeron ( )** *tu parles* **est mort hier.**

   If the preposition **de** is part of the verb **(on parle de qqn, on se sert de qqch),** use the relative pronoun **dont:**

   > **Le forgeron** *dont tu parles* **est mort hier.**

   To express "whose," also use **dont:**

   > **J'ai vu le bûcheron** *dont tu connais l'épouse.*

4. With other prepositions, generally use **qui** for persons, **lequel, laquelle, lesquels, lesquelles** for things, **où** for location.

   > **Parle-moi de la fille** *avec qui tu es sorti.*
   > **J'ai perdu le stylo** *avec lequel j'écris toujours.*
   > **L'hôpital** *où nous amenons le mendiant* **est le meilleur de la ville.**

Exercice A. Qui, que, dont. Soulignez la proposition relative. Décidez s'il faut un pronom relatif qui est sujet, objet ou employé avec *de*. Ensuite, écrivez la forme correcte.

1. Je vois le bûcheron _____ abattit le chêne.

2. C'est l'épouse _____ le père est maudit.

3. Voilà le fer _____ le forgeron forgea.

4. J'admire le lit _____ on sculpta.

5. Est-ce le fer _____ on a besoin .

6. Comment s'appelle l'homme _____ a écrit ce poème ?

7. Le poète aime-t-il la personne _____ est le sujet de ce poème ?

8. Est-ce une personne _____ Desnos connaît les ancêtres ?

Nom _____ Date _____ Classe _____

Exercice B. Continuons « *dont* ». Complétez les phrases suivantes en employant une des expressions ci-dessous. Il y a plusieurs choix possibles, mais dans aucun cas n'oubliez de convertir la préposition *de*.

avoir besoin de	avoir honte de
être fier de	être si content de
parler de	écrire de
se servir de	se souvenir de
connaître le fils de	lire la moitié de

Modèle : (se servir de) C'est le livre **dont** *je me sers pour mon cours d'italien.*

1. C'est un roman _____

2. Voilà la chanson _____

3. Voici l'ami _____

4. J'ai trois enfants _____

5. As-tu vu la mauvaise note _____

6. C'est l'homme _____

7. Voilà le film _____

8. Ce sont les couteaux _____

9. Donne-moi la cognée _____

10. Ils m'ont raconté la nouvelle _____

Exercice C. Préposition + pronom relatif pour des choses (*lequel, laquelle,* etc.), **ou pour des personnes** (*qui,* la plupart du temps). Combinez les phrases suivantes en employant une forme de *lequel* ou *qui*. Attention au genre et au nombre de l'objet.

Modèle : Voilà une boîte. Je cache mon argent dans la boîte.
Voilà la boîte dans laquelle (où) je cache mon argent.

1. J'ai trouvé le papier. J'avais écrit son adresse sur le papier. _____

_____

2. J'ai perdu mes lunettes. Je ne peux rien voir sans mes lunettes. _____

_____

3. Voilà le stylo. Il m'a écrit avec ce stylo. _____

_____

4. Regardez le lit. Washington a dormi dans ce lit. _____

_____

5. Je vois le forgeron. Ma cousine s'est mariée avec lui. _____

_____

6. Tu as remarqué son indifférence ? Il travaille avec indifférence. _____

_____

7. C'est un vaste sujet. Nous nous intéressons vivement à ce sujet. _____

_____

8. Regarde cette peinture ! J'ai payé une fortune pour cette peinture. _____

_____

9. Voilà les vieux villageois. Je leur ai parlé hier. _____

_____

10. Le skieur glissait vers les gros arbres. Il a disparu derrière les arbres. _____

_____

Exercice D. Combinez les phrases suivantes en employant une préposition, s'il le faut, et un pronom relatif. Insérez la deuxième phrase dans la première.

1. C'est mon fils cadet. Je m'inquiète pour lui le plus. _____

_____

2. Où est l'examen ? Le professeur me l'a rendu hier. _____

_____

3. Voilà le chêne. J'ai caché une lettre secrète dans le chêne. _____

_____

4. J'aime la colombe. Je la vois perchée sur l'arche. _____

_____

5. C'est mon mari. Il ne fume plus sa pipe. _____

_____

6. C'est le professeur. Je viens de lui parler. _____

_____

7. C'est le professeur. Je viens de le voir. _____

_____

8. C'est le professeur. Je viens de parler de lui. _____

_____

9. C'est le professeur. Je compte sur lui. _____

_____

Exercice E. Complétez les phrases suivantes en choisissant une des propositions relatives ci-dessous. Faites attention au sens de la nouvelle phrase : est-elle raisonnable ? logique ?

a) à qui je pensais.

b) sur laquelle un oiseau fait son nid.

c) qui conduit au moulin.

d) dont j'avais besoin.

e) sur qui je compte.

f) que tu m'as achetés.

g) avec qui je voulais sortir.

h) qui est couvert de nuages.

i) qu'on peint en noir.

j) chez qui je peux passer la nuit.

1. Voilà une rue _____

2. J'ai téléphoné à Pierre _____

3. Regarde le banc _____

4. J'ai acheté le couteau _____

5. Voilà mon ami fidèle _____

6. Je vois les livres _____

7. C'est une grande branche _____

8. Voilà la femme _____

9. Je connais une famille _____

10. C'est un ciel _____

LESSON EIGHT
L'OMBRE VENANT DU PONT

REVISION
—LES PRONOMS DISJOINTS (*MOI, TOI*, ETC.)
—COMMENT EXPRIMER LA CAUSE
AVEC LES CONJONCTIONS *PARCE QUE, CAR, PUISQUE*
AVEC LES EXPRESSIONS *GRACE A, A CAUSE DE, FAUTE DE*

I. LES PRONOMS DISJOINTS

Here are the forms of the disjunctive pronouns (also called the stressed pronouns):

moi, toi, lui, elle, nous, vous, eux, elles

The most frequent situations where you use the disjunctive pronouns are:

1. After prepositions: avec lui, sans nous, en face de toi

2. To emphasize a word: **Toi, tu as tort.**
         Il n'obéit à personne, lui.
         Les Américains, eux, comprennent.

    With **-même** (*self*)   **Je le ferai moi-même.**

3. For a compound subject: **Toi et moi, nous sortons demain.**
         Lui et elle (ils) sortent souvent.

4. For a one-word answer: **—Qui veut de la glace ? —Nous !**
         (Toc ! toc !)—Qui est là ? —Moi.

5. In comparisons: **Elle est plus âgée que moi.**
         Nous sommes plus riches qu'eux.

6. After c'est, ce sont: **C'est moi qui suis responsable.**
         Ce sont elles qui font le service.

7. After à to indicate
possession: **—A qui est ce ballon ?—Il est à moi.**
         Cette voiture est à nous.

NOTE: **Moi** and **toi** are also used in the affirmative imperative: **Donne-le-moi. Assieds-toi. Regardez-moi.**

Exercice A. Vous voulez signaler l'importance des mots soulignés dans chaque phrase suivante. Faites-le en employant les pronoms disjoints.

> Modèle : <u>Jojo</u> est institutrice.
>
> *Jojo, elle, est institutrice.*

1. <u>Leurs mères</u> se connaissent depuis des années.

   _____

2. <u>Ti-jo et Jojo</u> ne se sont jamais réconciliés.

   _____

3. <u>Tu</u> sors tous les jours.

   _____

4. <u>Nous</u> l'avons vu hier soir au glacier du quartier.

   _____

5. <u>Je</u> n'y comprends rien.

   _____

Exercice B. Remplacez le nom souligné par un pronom disjoint. Avec les 1e et 2e personnes, ajoutez le pronom disjoint.

> Modèles : *Tu as menti ! Toi, tu as menti !*
>
> Il parle avec <u>Pierre.</u> *Il parle avec lui.*

1. Je partage un appartement avec <u>ma copine de l'université</u>.

   _____

2. C'étaient <u>le mendiant et l'infirmière</u> qui parlaient doucement.

   _____

3. Qui ne voit-il plus le dimanche ? <u>La dame au foulard</u>.

   _____

4. <u>Nous</u> avons assez de ces bêtises !

   _____

5. Ce bouquet est pour <u>ta sœur et toi</u>.

_____

6. <u>Ils</u> vont déménager.

_____

7. <u>L'assassin</u> ne regrettait pas son crime.

_____

8. J'ai parlé avec les voisins du palier et <u>ils</u> n'ont rien entendu.

_____

Exercice C. Votre réaction ? Que pensez-vous de la situation où se trouvaient Ti-jo et Jojo? En écrivant votre réponse, employez plusieurs pronoms disjoints. Commencez par « Moi, je pense que… »

_____

_____

_____

_____

_____

_____

_____

_____

II. CAUSE ET EFFET : LES CONJONCTIONS *PUISQUE, PARCE QUE, CAR*

Puisque, meaning *since, seeing that,* introduces a cause:

> **Invitez-moi à dîner, *puisque vous êtes si riche.***
> ***Puisqu'il pleuvait,* elle est restée à la maison.**

Parce que (*because*) and its more literary synonym **car** also introduce a cause:

Je ne vous accompagne pas *parce que je suis enrhumée.*

Les contemporains de La Rochefoucauld ne l'aimaient pas *car il s'est moqué d'eux.*

Exercice D. Vous avez à expliquer les situations suivantes. Employez *car, parce que* ou *puisque* dans vos réponses.

1. Pourquoi Ti-jo a-t-il invité Guylène chez le glacier ?

_____

_____

_____

2. Pourquoi Ti-jo et Jojo se sont-ils mariés ?

_____

_____

_____

3. Pourquoi le mari restait-il sur le palier devant la porte ?

_____

_____

_____

4. Expliquez pourquoi Ti-jo est allé dans un quartier si dangereux.

_____

_____

_____

5. Pourquoi le briquet est-il un objet important pour Ti-jo ?

_____

_____

_____

6. Et le cadre d'argent ? Pourquoi en parle-t-on si souvent ?

_____

_____

_____

Exercice E. L'actualité. Vous parlez avec un étranger. Essayez de lui faire comprendre les conditions suivantes. Utilisez *puisque, parce que* ou *car* dans votre réponse et, si vous voulez, le vocabulaire entre parenthèses.

1. l'énorme dette nationale des Américains (dépenser / trop / argent)_____

_____

_____

2. la défaite du Parti socialiste en 1993 (améliorer / les conditions économiques)

_____

_____

3. la population grandissante de Haïtiens aux Etats-Unis (avoir peur / des représailles / le coup d'état) _____

_____

_____

4. le succès fou de Madonna (attirer / la curiosité) _____

_____

_____

5. Boris Yeltsin, le président des Russes (les Russes / mécontent / ancien / système *m.*)

_____

_____

LES EXPRESSIONS GRACE A, A CAUSE DE, FAUTE DE

All three expressions explain *why* and show a cause. Unlike the preceding conjunctions which are followed by a clause, these expressions are *followed by a noun* and its modifiers or a disjunctive pronoun:

grâce à (*thanks to*)

> *Grâce à elle,* je comprends tout.

à cause de (*because of*)

> **Nous ne sortons pas** *à cause de la pluie.*

faute de + *noun* and no article (*for lack of*)

> **Je ne pars pas,** *faute d'argent.*
> *Faute de mieux...* (*For lack of anything better...*)

Exercice F. Expliquez-moi ça ! Donnez une raison (trouvée entre parenthèses) en terminant les phrases suivantes. Employez *grâce à, à cause de* ou *faute de,* selon le cas.

1. (l'argent) Elle ne va pas à Paris cet hiver _____

   _____

2. (un cadeau généreux) Je peux m'acheter une petite voiture _____

   _____

3. (l'égoïsme) Ti-Jo est mort _____

4. (son intelligence) L'enfant réussit à l'école _____

   _____

5. (un accident) Il n'a pas de voiture _____

   _____

6. (les invitations) Nous restons chez nous _____

   _____

7. (le beau temps) Nous pourrons faire un pique-nique _____

   _____

8. (les soins médicaux) Je suis guéri(e) _____

   _____

9. (un incendie) Ils ont tout perdu _____

_____

10. (la discipline) Je m'enfonce dans des dettes _____

_____

LESSON NINE
UNE LETTRE

REVISION

—**COMMENT EXPRIMER LA CAUSE ET L'EFFET AVEC LE** *FAIRE CAUSATIF*
—*DEPUIS* + **LE PRESENT**

I. LE *FAIRE* CAUSATIF

The **faire** causal construction, that is, **faire** + the infinitive, is used when you have someone do something for you, or have something done for you:

> *I'll have the nurse leave.* **Je ferai sortir l'infirmier.**
> *I had the package sent.* **J'ai fait envoyer le paquet.**

The infinitive indicates the activity that is carried out. Two patterns are used to express the **faire causatif** in French:

1. **Faire** + *infinitive* + *direct object*. In this pattern the direct object represents *either* the actor (the person carrying out the action) *or* the thing done:

   > **Nous faisons chanter *les étudiants*.** *(actors)*
   > *We have the students sing.*

   > **Nous faisons chanter *la chanson*.** *(object)*
   > *We have the song sung.*

2. **Faire** + *infinitive* + *direct object* + *indirect object*. With this pattern, both the actor and the thing done are present in the sentence. In this case, the thing done is the *direct object*, the person performing the action is the *indirect object*.

   > **Le professeur fait écrire une composition aux étudiants.**
   > *The professor has the students write a composition.*

   > **Nous faisons chanter la chanson aux étudiants.**
   > *We have the students sing the song.*

(Note that the latter sentence can mean either *We have the song sung to the students* or *by the students*. To make it clearer that "by the students" is intended, use **par les étudiants** rather than **aux étudiants**.)

ATTENTION:

1. If you use direct or indirect object *pronouns*, they precede **faire**, not the infinitive:

    Je ferai sortir l'infirmière. Je *la* ferai sortir.

    J'ai fait envoyer le paquet. Je *l'*ai fait envoyer.

2. There is no agreement of the past participle with the **faire** causal structure:

    Nous avons fait chanter la chanson. *Nous l'avons fait chanter.*

    Elle a fait envoyer les paquets. *Elles les a fait envoyer.*

Exercice A. Ecrivez une nouvelle phrase qui montre que l'on fait accomplir l'action par un(e) autre. Attention au temps verbal.

> **Modèle :**   Marie a rempli la tasse.
>
> *Marie a fait remplir la tasse.*

1. Angélique servira du champagne.

   _____

2. Vous cultivez votre jardin.

   _____

3. On fait un gâteau pour la fête.

   _____

4. M. Poirier cherche le médecin.

   _____

5. J'ai noté tout cela à ma belle-fille.

   _____

6. Marie réveille les enfants tout de suite le matin.

   _____

7. J'ai mis la table devant la fenêtre.

   _____

8. Elle encadre cette jolie peinture qu'elle a reçue.

   _____

 Lesson 9

9. On réparera la route au mois de juin.

_____

10. J'emmenais les enfants à la pêche chaque week-end.

_____

Exercice B. Cette fois, écrivez une nouvelle phrase qui montre la personne qui fait l'action. Attention au temps verbal.

> **Modèle :**   Je lave la voiture. (mon fils)
> *Je fais laver la voiture à mon fils.*

1. On prépare le dîner. (le cuisinier)

_____

2. Ecrivez-vous une critique du roman ? (le journaliste)

_____

3. Elle a fait cette robe. (la couturière)

_____

4. Nous préparons un beau couscous. (le cuisinier)

_____

5. Elle coupe le grand chêne. (les bûcherons)

_____

6. Avez-vous planté des peupliers ? (le jardinier)

_____

7. J'achèterai nos provisions demain. (mon mari)

_____

8. Mme Donelle rapporte un joli foulard de la Grèce. (sa voisine)

_____

9. M. Dumond construit une route. (les ouvriers)

_____

10. Le médecin soigne le malade. (l'infirmier)

_____

Exercice C. Répondez aux questions suivantes en employant la structure *faire + infinitif.*

> **Modèle :**   Nettoyez-vous votre chambre vous-même ?
> *Non, je fais nettoyer ma chambre.* (ou)
> *Non, je la fais nettoyer.*

1. Réparez-vous votre poste de télévision ?

_____

2. Si vous avez de bonnes nouvelles, les faites-vous savoir à vos parents ?

_____

3. Faites-vous vos propres vêtements ?

_____

4. Si vous êtes malade, faites-vous venir le médecin ?

_____

5. Vous changez d'appartement. Déménagez-vous vos meubles ?

_____

6. Lavez-vous votre voiture vous-même ?

_____

Exercice D. Remplacez les mots soulignés avec les pronoms régimes directs (*le, la, les,* etc.) ou indirects (*lui, leur*).

1. On a fait envoyer <u>la lettre</u>.

_____

2. On fera répéter <u>la leçon</u> <u>aux étudiants</u>.

   _____

3. Nous avons fait réparer <u>la voiture</u> <u>au garagiste</u>.

   _____

4. Elle a fait savoir <u>ses nouvelles</u>.

   _____

5. Nous faisons venir <u>l'infirmière</u>.

   _____

6. On fait payer <u>l'addition</u> <u>aux clients</u>.

   _____

7. J'ai fait nettoyer <u>mon veston et mon pantalon</u>.

   _____

8. Tu t'es cassé la jambe. Tu fais conduire <u>la voiture</u> <u>à ton ami</u>.

   _____

Exercice E. Répondez aux situations suivantes en employant le *faire causatif*.

1. Vous venez de vous rappeler que c'est aujourd'hui la fête d'anniversaire de votre mère. Vous ne pouvez pas quitter votre bureau. Alors… ?

   (mon secrétaire / envoyer / un bouquet de fleurs) _____

   _____

2. Votre camarade de chambre est malade. Que faites-vous ?

   (venir / l'infirmière) _____

   _____

3. Votre voiture est en panne. Vous demandez à votre voisin de vous aider. Qu'est-ce que vous lui faites faire ?

   (acheter / les provisions) _____

   _____

4. Vous êtes en retard pour un rendez-vous. Pourquoi ?

   (on / bloquer / la route / attendre) _____

   _____

5. Qu'est-ce que vous faites quand vous emménagez dans votre chambre ou appartement ?

   (laver / les fenêtres / balayer / arranger / les placards) _____

   _____

   _____

ATTENTION:
The **faire causatif** is not used when you evoke an emotional response: *That makes me sad. She makes them furious.* Instead, the verb **rendre** is used: **Cela me rend triste. Elle les rend furieux.** See the following exercise.

Exercice F. Faisons connaissance ! Vous venez de faire la connaissance de votre nouvelle/nouveau camarade de chambre. Dites-lui :

1. ce qui vous rend heureux/euse. _____

   _____

   _____

2. ce qui vous rendra impatient(e). _____

   _____

   _____

3. ce qui vous rend furieux/euse. _____

   _____

   _____

4. ce qui pourrait vous rendre malheureux/euse. _____

   _____

   _____

II. *DEPUIS* + LE PRESENT

In French, if an event began in the past and *is still going on in the present*, the present tense of the verb is used, with **depuis** marking the time span involved:

> **On étudie le français depuis quatre ans.**
> *They've been studying French for 4 years* (***and are still studying it***).

> **Elles habitent Chicago depuis le mois de mai.**
> *They've lived—or been living—in Chicago since May* (***and still live there***).

Asking questions with *depuis*

There are two ways to ask questions with **depuis.** Use **Depuis quand... ?** when you want to know *when an event started.* Use **Depuis combien de temps... ?** when you want to know *how long an event has been going on:*

> **Depuis combien de temps êtes-vous ici ? Depuis deux ans.**
> **Depuis quand habitez-vous Chicago ? Depuis le mois de mai.**

> **ATTENTION:**
> If the verb is negative, then a **passé composé** is used with **depuis** since the action no longer continues:
>
> > **Je ne les ai pas vus depuis ce temps-là.**
> > *I haven't seen them since then.*
>
> > **Elle n'a pas parlé italien depuis des années.**
> > *She hasn't spoken Italian for years.*

Synonyms for *depuis:*

voilà... que	**Voilà quatre ans que je parle français.**
il y a... que	**Il y a six mois que j'habite Chicago.**
Ça fait... que	**Ça fait six mois que j'habite là-bas.**

Exercice G. Répondez aux questions suivantes en employant *depuis* ou ses synonymes dans votre réponse. Attention à la question : Emploie-t-on *depuis quand* ou *depuis combien de temps ?*

1. Depuis quand êtes-vous étudiant(e) à l'université ?

   _____

2. Depuis combien de temps vos parents habitent-ils là-bas ?

_____

3. Depuis quand étudiez-vous le français ?

_____

4. Depuis combien de temps étudiez-vous le français ?

_____

5. Depuis quand habitez-vous votre résidence universitaire, votre appartement ou votre chambre en ville ?

_____

6. Ça fait combien de temps que vous habitez chez vos parents ?

_____

7. Depuis quand n'avez-vous pas été chez le médecin ?

_____

8. Depuis quand avez-vous votre permis de conduire ?

_____

Exercice H. Vous visitez la maison de retraite pour interviewer la narratrice d' « Une lettre ». Quelles questions lui poseriez-vous qui évoquent les réponses suivantes ?

1. Vous : _____

   Mme : J'habite ici depuis trois ans.

2. Vous : _____

   Mme : Je suis installée dans ma nouvelle chambre depuis le mois dernier.

3. Vous : _____

   Mme : Je fais du tricot depuis la naissance de mon fils.

4. Vous : _____

    Mme : Je connais « les sœurs » depuis mon arrivée ici.

5. Vous : _____

    Mme : On répare la route depuis trois mois.

6. Vous : _____

    Mme : Je n'ai pas visité la ville depuis assez longtemps.

7. Vous : _____

    Mme : Ah, vous savez, ça fait plusieurs mois que je n'ai pas vu mon fils.

8. Vous : _____

    Mme : J'ai vue sur la Mayenne depuis mon emménagement dans ma nouvelle chambre.

9. Vous : _____

    Mme : Voilà plusieurs semaines que je lis les romans de Thomas Hardy.

10. Vous : _____

    Mme : Mes enfants voyagent beaucoup depuis que leurs affaires marchent bien.

LESSON TEN

PLUME AU RESTAURANT

REVISION

—LE PARTICIPE PRESENT

    EN, TOUT EN + **PARTICIPE PRESENT COMME VERBE**

    PARTICIPE PRESENT COMME ADJECTIF

—COMMENT EXPRIMER LA CAUSE ET L'EFFET AVEC DES PROPOSITIONS QUI COMMENCENT PAR *SI*

I. LE PARTICIPE PRESENT

The present participle, the **-ing** verb form in English (*buying, selling, seeing the truth*), has an **-ant** ending in French. To form the present participle, replace the **-ons** of the first-person plural of the present tense with **-ant:**

allons :	allant	finissons :	finissant
faisons :	faisant	hésitons :	hésitant
mangeons :	mangeant	séduisons :	séduisant
attendons :	attendant	surprenons :	surprenant

There are also a few irregulars: **étant (être), ayant (avoir),** and **sachant (savoir).**

When do you use the present participles?

1. Some of the participles are used as adjectives and agree with the noun they modify: **une femme *séduisante,* une histoire *surprenante.***

2. Other present participles are rarely, if ever, used to describe. Instead, they are verbs that show an action occurring *at the same time* as the main verb and refer to the subject of the verb:

   > *Sortant leurs stylos,* ils commencent à prendre des notes.
   >
   > *Se reprochant,* elle s'est dit : —C'est la dernière fois !

   Since the participle no longer functions as an adjective in the above sentences, there is no agreement between the participle and the subject.

3. Often, but not always, the present participle showing action is preceded by the preposition **en** or **tout en.** This occurs when you want to stress that the present participle and the main verb occur simultaneously.

En sortant du restaurant elles voient leur professeur.
While/on leaving the restaurant, they see their professor.

Tout en se brossant les dents, il a pensé au rendez-vous de demain.
While brushing his teeth, he thought about tomorrow's meeting.

Exercice A. Dans les phrases suivantes indiquez si l'on emploie le participe comme adjectif *(A)* ou comme verbe *(V)*.

_____ 1. C'est un garçon *charmant*.

_____ 2. *Charmant* le serpent avec sa musique rythmée, le fakir a évité le danger.

_____ 3. *Obéissant* aux règles, Plume a évité des confrontations.

_____ 4. Il parle d'une voix *hésitante*.

_____ 5. Les parents préfèrent les enfants *obéissants*.

_____ 6. *Hésitant* après chaque parole, il n'arrivait pas à convaincre le juge de son innocence.

Exercice B. Trouvez dans le texte, « Plume au restaurant », une demi-douzaine d'exemples du participe présent et copiez ces phrases ci-dessous. Pouvez-vous identifier leur fonction (adjectif ou verbe) ?

1. _____

_____

2. _____

_____

3. _____

_____

4. _____

_____

5. _____

_____

6. _____

_____

Exercice C. Formez le participe présent du verbe entre parenthèses.

1. (être) pressés, nous n'avons pas consulté la carte. _____

   _____

2. En (entendre) les pas s'éloigner, il se croyait libre. _____

   _____

3. Tout en (finir) ses devoirs, elle parlait au téléphone. _____

   _____

4. (se dépêcher) parce qu'il pleuvait, ils sont montés dans le taxi. _____

   _____

5. Le criminel a fui en (courir). _____

   _____

6. N'(avoir) pas d'argent, on nous a défendu d'y entrer. _____

   _____

7. (être) inquiet, Plume voulait partir. _____

   _____

8. (savoir) que son ami était malade, elle est allée le voir. _____

   _____

9. (arriver) en retard, les étudiants hésitaient à entrer dans la salle de classe. _____

   _____

10. Il a regardé le mélodrame en (s'essuyer) les yeux. _____

   _____

ATTENTION:
English speakers often use the *-ing* verb as a noun:

> *Skiing is a popular sport.*
> *Falling can be dangerous for old people.*

In French, the *infinitive* must be used in such cases.

> **Skier fascine les jeunes et les pas-si-jeunes.**
> **Tomber, c'est dangereux pour les vieux.**

Exercice D. Etudiez ces phrases et puis traduisez-les en anglais.

1. Lire me fait un mal atroce. _____

   _____

2. Voyager est coûteux et fatigant. _____

   _____

3. Etudier, c'est le devoir de l'étudiant. _____

   _____

II. LA CAUSE ET L'EFFET

What do we mean by a "cause and effect" relationship? We mean that certain conditions produce certain effects. Here are some examples:

> **S'il pleut** *(condition)*, **nous resterons ici** *(effect)*.
> **Si tu ne réponds pas** *(condition)*, **je cogne** *(effect)* !

To express cause and effect using the conjunction **si**, three formulas are often used in French:

1. The first formula describes real conditions and their effect in the present. There is no conjecture involved:

   > **S'il neige demain,**   **nous ferons du ski.**
   > CONDITION   RESULT

   > **Mon petit,** **si tu veux sortir,** **mange tes haricots.**
   >   CONDITION   RESULT

   > **Si tu veux,**   **nous pouvons aller au cinéma ce soir.**
   > CONDITION   RESULT

   The formula is **si** + *present,*   *future or imperative or present.*
          CONDITION   RESULT

2. The second formula, also occurring in a present time frame, represents "contrary-to-fact" or hypothetical situations:

   > **Si j'avais le temps,**   **je regarderais la télé.**
   > CONDITION   RESULT

Why is this a hypothetical sentence? Because the sentence implies "I don't have the time, so I don't watch T.V."

The formula is **si** + *imperfect*,   *conditional.*
        CONDITION   RESULT

Exercice E. Mettez la forme correcte du verbe. Pour décider le temps verbal, d'abord identifiez quel temps est employé dans l'autre partie de la phrase.

     Modèle :   (être) Si je *comprenais*, je ne _____ pas impatient.

                  Si je comprenais, je ne serais pas impatient.

(With the *imperfect* in the **si** clause, you will use the *conditional* (**serais**) in the result clause. See the two formulas again.)

1. (être) Si j'*avais* de l'argent, je ne _____ pas pauvre.

2. (avoir) Si Plume *était* moins timide, il n'y _____ pas d'incident.

3. (être) Si la neige _____ chaude, *tomberait*-elle en août ?

4. (faire) Si tu *étais* perdu dans la forêt, qu'est-ce que tu _____ ?

5. (partir) Vous ne *seriez* pas en retard si vous _____ à l'heure.

6. (montrer) La société *serait*-elle moins violente si on _____ moins de violence à la télé ?

7. (ne pas exister) *Serait*-on plus libre si la discipline _____ ?

8. (être) S'il y *avait* plus d'agents de police, est-ce que la société _____ mieux protégée ?

9. (faire) Qu'est-ce que vous _____ si vos enfants ne vous *obéissaient* pas ?

Exercice F. Faites vos projets ! Le week-end arrive. Qu'est-ce que vous allez faire ? Cela dépend des conditions. Terminez la réponse par un paragraphe.

1. Si mes parents me rendent visite, _____

_____

_____

_____

_____

2. S'il fait très beau, _____

_____

_____

_____

_____

3. Si je peux emprunter une voiture, _____

_____

_____

_____

_____

Exercice G. Est-ce possible ? ! Demandez à un(e) camarade…

1. ce qu'il/elle ferait s'il/si elle gagnait la loterie nationale. _____

_____

_____

2. comment serait sa vie si elle/s'il était né(e) homme/femme. (Choisissez le contraire de sa condition actuelle.)

_____

_____

3. ce qu'elle/il changerait dans sa vie si elle/s'il pouvait le faire. _____

_____

_____

4. où il/elle habiterait s'il/si elle pouvait choisir. _____

_____

_____

     Lesson 10

Maintenant c'est à vous de répondre à ces quatre questions au-dessus. Qu'est-ce que vous feriez dans ces contextes ?

1. _____

   _____

2. _____

   _____

3. _____

   _____

4. _____

   _____

3. The last formula is used to express hypothetical or contrary-to-fact statements *in the past:*

> **If I had known her name,**   **I would have introduced her.**
>   CONDITION   RESULT

> **If we had left earlier,**   **we wouldn't have had that accident.**
>   CONDITION   RESULT

The formula is **si** + *plus-que-parfait,*   *conditionnel passé.*
              CONDITION   RESULT

> **Si j'avais su son nom,**   **je t'aurais présenté à elle.**
>   CONDITION   RESULT

> **S'il était parti plus tôt,**   **on n'aurait pas eu cet accident.**
>   CONDITION   RESULT

To form the **plus-que-parfait,** use the imperfect for the auxiliary verb + past participle: **tu *avais commandé;* tu *t'étais reposé(e);* tu *étais arrivé(e)* en retard.**

To form the **conditionnel passé,** use the conditional for the auxiliary verb + past participle: **elle *aurait répondu;* ils *se seraient levés tôt;* nous *serions parti(e)s.***

ATTENTION:
In this lesson you have studied one of the major uses of the conjunction **si.** Once you leave the contrary-to-fact situation, however, any number of other tenses can be found. For example, **Si Antoine n'est pas venu, il a sans doute manqué son train.**

Exercice H. Donnez la forme correcte du verbe entre parenthèses : *le plus-que-parfait* ou *le conditionnel passé*.

1. (payer) Si j'avais pu, je _____ l'addition tout de suite.

2. (prévenir) Sûrement vous me _____ si cela avait été nécessaire.

3. (essayer) Si nous _____ de partir, on aurait cogné.

4. (ne jamais choisir) Si j'avais fait attention, je _____ les côtelettes.

5. (se fâcher) Elle _____ si nous avions tout révélé.

6. (refuser) Le commandant m'aurait mis en prison si je _____ de répondre à ses questions.

7. (pouvoir) Si tu avais été en retard, je _____ tu attendre dans le café.

8. (mettre en prison) Si vous n'aviez pas coopéré, on vous _____.

Exercice I. Révision des trois formules. Donnez la forme correcte du verbe.

ATTENTION:
D'abord identifiez le temps du verbe déjà donné dans la phrase. Ensuite choisissez le temps verbal qui manque. Voilà les trois formules :

1. *si* + présent, futur/impératif/présent
2. *si* + imparfait, conditionnel
3. *si* + plus-que-parfait, conditionnel passé

1. (sortir) Si j'*avais* le temps, je _____ avec toi.

2. (avoir) Si tu _____ le temps, tu nous *aurais aidés*.

3. (aider) Si j'*ai* le temps je vous _____.

4. (parler) Si mes parents *parlaient* français, je le _____ un peu aussi.

5. (parler) Si mes parents *avaient parlé* français, moi aussi je l' _____ dès ma naissance.

6. (répondre) Si vous me le *demandez* en français, je vous _____ en français.

7. (pleuvoir) S'il _____, nous *irons* au cinéma.

8. (rester) S'il *avait plu,* nous _____ chez nous.

9. (ne pas pouvoir) Si on nous *menaçait*, nous _____ refuser de payer.

10. (être) Si tu *étais* plus gentil, tu _____ plus heureux.

Lesson 10

Exercice J. Voici un mélange de toutes les formes expliquées dans cette leçon. Complétez les phrases d'une façon logique.

Le participe présent

1. Ayant faim, _____

2. Etant pressés, _____

3. En entrant dans le cinéma, _____

4. Etant satisfaite, _____

Les phrases avec *si*

5. Si vous voulez, _____

   _____

6. Je serais content(e) si _____

   _____

7. Si le bébé avait pleuré, _____

   _____

8. Sa mère serait venue si _____

   _____

9. Si vous ne faisiez pas tant de bruit, _____

   _____

10. Je t'aurais prévenu si _____

    _____

LESSON ELEVEN
LES OBJETS INTROUVABLES

REVISION
—LE PRONOM NEUTRE *IL*
     IL S'AGIT DE, IL SUFFIT DE, IL PARAIT QUE, IL ARRIVE QUE
—LES CONJONCTIONS *SOIT... SOIT, OU... OU, NI... NI*
—COMMENT DECRIRE UN OBJET AVEC *A* ET *DE* + *NOM* OU *INFINITIF*

I. LE PRONOM NEUTRE *IL*

The "neuter pronoun" **il** is a pronoun that has no antecedent (i.e., it does not replace a noun, which the personal pronouns **il/elle** do). The following expressions introduced by the neuter **il** are used often to make general observations:

Il s'agit de (+ *infinitive* or *noun*)   *It's about, a matter of . . .*

    Dans ce roman, il s'agit de trouver un criminel. (infinitive)

    Dans ce roman, il s'agit d'un crime de passion. (noun)

Il suffit de (+ *infinitive*)   *It's enough to . . .*

    Il suffit de vous servir de votre imagination.

Il paraît que (+ *clause*)   *It seems that . . .*

    Il paraît qu'on est au milieu d'une révolution.

Il arrive que (+ *subjunctive clause*)   *It happens that . . .*

    Il arrive souvent qu'ils refusent de nous parler.

    ATTENTION.
    With the expression **il arrive**, the neuter **il** means it and should not be confused with the personal pronoun **il** (*he*. **Il arrive en retard.**)

Exercice A. De quoi s'agit-il ? Vous avez déjà lu plusieurs textes dans le livre de lecture, *LITTERATURES EN CONTEXTE*. Choisissez-en une demi-douzaine et dites-nous de quoi il s'agit dans chacun.

1. Dans _____, il s'agit d(e) _____

   _____

2. Dans _____, il s'agit d(e) _____

   _____

3. Dans _____, il s'agit d(e) _____

   _____

4. Dans _____, il s'agit d(e) _____

   _____

5. Dans _____, il s'agit d(e) _____

   _____

6. Dans _____, il s'agit d(e) _____

   _____

Exercice B. Terminez les phrases suivantes d'une façon logique avec (1) *Il suffit...* ou (2) *Il paraît...*

1. _____ de payer l'addition.

2. _____ qu'il s'est évadé de prison.

3. _____ que tu es fatigué.

4. _____ de faire un effort.

5. _____ que tu as un autre point de vue.

6. _____ de se libérer des contraintes.

Exercice C. Toutes les phrases suivantes commencent par *Il arrive*... Il faut décider si vous êtes face à un pronom neutre *(N)* ou un pronom personnel *(P)*. Mettez un *N* ou un *P* selon le cas.

1. Il est arrivé de Paris par avion. _____

2. Il arrive que la bicyclette se convertisse en voiture. _____

3. Il arrive que Mme Raoul s'absente souvent. _____

4. Il arrive chez moi afin de s'excuser. _____

5. Arrive-t-il souvent que tu te rendes chez le glacier ? _____

6. Il arrive, me regarde, me tourne le dos et sort. _____

II. *SOIT... SOIT, OU... OU, NI... NI*

The conjunctions **soit... soit** and **ou... ou,** (synonyms for *either/or*), allow for conjecture:

> *Either you stay or you leave.*
> **Ou vous restez ou vous partez.**

> *We will meet either here or there.*
> **Nous nous rencontrerons soit ici soit là-bas.**

In the negative, **ne... ni... ni** expresses the idea of *neither... nor*. See the placement of **ni... ni** in the following examples:

> *Subject:* **Ni lui ni moi n'acceptons leur offre.**
> (Note the *plural* verb. Don't forget the **ne** preceding the verb.)

> *Object:* **Nous n'acceptons ni leur argent ni leur pitié.**

> *Simple Verb:* **On ne mange ni ne boit avant de se faire opérer.** (Note that there is only one **ni** here.)

> *Compound Verb:* **Je n'ai ni mangé ni bu avant de me faire opérer.**

Exercice D. Changez les phrases suivantes en ajoutant un deuxième élément, ce qui exigera *ni... ni, soit... soit, ou... ou.*

> **Modèle :**   Je mangerai une côtelette ce soir. (une omelette)
>
> *Je mangerai soit une côtelette soit une omelette.*

1. Les ouvriers peuvent accepter le contrat. (refuser)

   _____

2. Elle ne veut pas lui écrire. (lui parler) **(ATTENTION: ni... ni** replaces **pas.)**

   _____

3. Hamlet se dit : Je suis ! (Je ne suis pas)

   _____

4. Nous nous mettrons en route à midi. (à 4 heures)

   _____

5. Tu peux écrire la mélodie. (les paroles)

   _____

6. Le maître d'hôtel n'est pas content. (le commandant) **(ATTENTION: ni... ni** replaces **pas.)** _____

   _____

Exercice E. Votre ami vous a posé des questions. Ecrivez vos réponses en utilisant *soit... soit, ni... ni, ou... ou.*

1. Les boissons que je préfère le matin ?_____

   _____

2. Lequel de mes amis viendra me chercher ? _____

   _____

3. Que faut-il pour réussir dans notre classe ? _____

   _____

   Lesson 11

4. Est-ce que j'ai vu Pierre ou Paule ? (*nég.*) _____

_____

5. Où j'habiterai l'année prochaine ? _____

_____

6. Ce que je ferai pendant l'été ? _____

_____

III. COMMENT DECRIRE LES OBJETS PAR A OU DE

You probably remember some of the Carelman **objets introuvables**, like:

> un tandem <u>à vision totale</u>
>
> une bicyclette <u>à horizontalité constante</u>
>
> une fourchette <u>de sûreté</u>
>
> une fourchette <u>à crêpes</u>

The underlined words contribute to the description by suggesting how the objects will be used. The prepositions **à** and **de** introduce more detail according to the following system:

1. **à** + *noun or infinitive:* Indicates *what use* is intended for the object. **Une brosse *à dents*,** (a brush for the teeth), **une chambre *à coucher*** (a room for sleeping).

2. **à** (replaces **avec**) + *noun:* Stresses that the *second object is distinct from the first:* **Une tarte *aux pommes*** (with apple slices); **une omelette *aux champignons*** (with mushrooms), **la glace *à la vanille*** (with vanilla flavoring added).

Exercice F. Voilà un enfant de quatre ans qui pose énormément de questions à sa mère. Celle-ci, très patiente, explique l'usage des objets. Commencez votre réponse avec « Il/elle sert à… »

1. Enfant: Maman, à quoi sert une cuillère à soupe ?

   Maman: _____

2. Enfant: Maman, à quoi sert une machine à écrire ?

   Maman: _____

3. Enfant: Maman, à quoi sert un fer à repasser *(an iron)* ?

   Maman: _____

4. Enfant: Maman, à quoi sert un sac à dos ?

   Maman: _____. *(Exaspérée)* Tu
   ne peux pas me poser une autre sorte de question ?

Maintenant commencez vos réponses avec « C'est... »

5. Enfant: Qu'est-ce que c'est qu'un poulet à l'orange, Maman ?

   Maman: _____

6. Enfant: Qu'est-ce que c'est qu'un gâteau aux noisettes ?

   Maman: _____

7. Enfant: Qu'est-ce que c'est qu'une salade à la menthe ?

   Maman: _____

   Ecoute, tu commences à me taper sur les nerfs ! Ça suffit ! Plus de
   questions !

3. **de** + *a noun:* Indicates *what material* the object is made of: **une botte *de cuir*** (made of
   leather), **une robe *de soie*** (made of silk).

   NOTE:
   When Carelman uses **frein *en caoutchouc*** he is stressing the material itself, rather than the
   object.

4. **de** + *a noun:* Introduces a noun *that qualifies* the preceding noun: **un pot *de confiture***
   (filled with jelly); **une robe *de chambre*** (a bathrobe).

Exercice G. Je crée, tu crées. Faites un objet réaliste ou fabuleux en employant **de**
avec les matières à droite.

1. Une maison _____ a. or

2. Un rideau _____ b. papier

3. Un pneu _____

4. Un cadre _____

5. Un foulard _____

c. brique

d. coton

e. soie

f. pierre

g. argent

h. caoutchouc

Exercice H. Qualifions tout ! Complétez les descriptions suivantes, délimitant (*limiting*) l'objet ou la personne avec **de** et le vocabulaire à droite. Par exemple, un rideau > *un rideau de fer.*

1. un agent _____

2. un hôtel _____

3. un maître _____

4. des personnes _____

5. un homme _____

6. un verre _____

7. une agence _____

8. un officier _____

9. un pot _____

10. un chemin _____

a. courage

b. ville

c. affaires

d. génie

e. artillerie

f. hôtel

g. voyage

h. lait

i. crème

j. police

k. fer

LESSON TWELVE
ANGUS OU LA LUNE VAMPIRE

REVISION

—COMMENT S'EXPRIMER AU FUTUR AVEC:
    ALLER + INFINITIF
    LE FUTUR
    LE FUTUR APRES *QUAND, LORSQUE, DES QUE, AUSSITOT QUE*
—COMMENT EXPRIMER UN EVENEMENT « FUTUR » AU PASSE AVEC
LE CONDITIONNEL

I. COMMENT S'EXPRIMER AU FUTUR

Aller + an infinitive

The present tense of **aller** followed by an infinitive is used to express a near-future event:

> Ce soir nous allons voir un match de basket.
> Tu vas me téléphoner demain ?

The future tense

The future tense is used to express events that have not yet happened. In English, the word *will* (or, infrequently, *shall*) mark a future tense.

To form the future of *regular verbs* in French, use the infinitive (drop the final e of the **re** verbs: **descendre̸, rendre̸**) and add the following endings: **-ai, -as, -a, -ons, -ez, -ont:**

montrer :	montrerai, montreras, montrera
	montrerons, montrerez, montreront
réussir :	réussirai, réussiras, réussira
	réussirons, réussirez, réussiront
rendre :	rendrai, rendras, rendra
	rendrons, rendrez, rendront

To form the future of **irregular verbs,** learn the irregular future stem and add the future endings (**-ai, -as, -a, -ons, -ez, -ont**). The irregular future stems of frequently used verbs are:

aller	ir...
avoir	aur...
courir	courr...
être	ser...
faire	fer...
mourir	mourr...
pouvoir	pourr...
savoir	saur...
tenir	tiendr...
venir	viendr... (devenir : deviendr... , etc.)
voir	verr... (envoyer : enverr...)
vouloir	voudr...

Exercice A. Et cette semaine ? Changez les verbes qui sont au *passé composé* pour exprimer ce qui *va se passer* cette semaine (*aller* + infinitif). Attention à la position des pronoms objets.

    Modèle :   Il nous *a écrit.* > *Il va nous écrire.*

1. Je *suis resté* chez moi.

    Aujourd'hui _____.

2. Ils *sont venus* nous voir.

    Demain _____.

3. Un malheur nous *est arrivé.*

    _____.

4. J'*ai pris* le train à 10 heures.

    Cette fois _____.

5. Nous *n'avons pas dîné* au restaurant universitaire.

    Ce week-end _____.

Exercice B. Mettez les verbes entre parenthèses au futur.

1. (obéir) Ils _____ à la lune.

2. (regarder) Nous _____ son cou.

3. (rire) On _____ de notre angoisse.

4. (dire) _____ -vous la vérité ?

5. (résister) Moi, je _____ à l'appel de la lune.

6. (pâlir) Tu _____ devant l'araignée.

7. (s'introduire) Elle _____ dans ta maison.

8. (sortir) Nous _____ doucement.

9. (revivre) Je _____ toujours cette nuit-là.

10. (laisser) Il me _____ entrer.

Exercice C. C'est très irrégulier ! Mettez les verbes suivants au futur. Presque tous les verbes ont un futur irrégulier.

1. (se souvenir) Je _____ d'Angus.

2. (voir) Tu _____ !

3. (savoir) Nous seuls _____ la vérité.

4. (avoir) Il sait qu'il _____ peur.

5. (être) Elle _____ là devant la fenêtre.

6. (perdre) _____ -t-elle le bon sens ?

7 (pouvoir) Nous _____ la combattre.

8. (souffrir) Angus _____ horriblement.

9. (mourir) L'araignée ne _____ -t-elle jamais ?

10. (faire) Je _____ n'importe quoi pour échapper.

Lesson 12 **91**

Exercice D. Au futur. Décrivez ce que vous ferez/serez (et votre famille et vos amis aussi)…

Dans 5 ans: _____

_____

_____

_____

_____

_____

Dans 20 ans: _____

_____

_____

_____

_____

Exercice E. Qu'en pensez-vous ? On vous demande de prédire le futur en employant le vocabulaire suivant.

> **Modèle :**   Les cosmonautes / atterrir / la planète Mars.
>
> *Les cosmonautes atterriront sur la planète Mars.*

1. nous / payer / dollars / les frais d'inscription (*tuition*)

_____

2. les étudiants étrangers / venir / surtout / de . . .

_____

3. se servir de / les ordinateurs (*computers*) / dans / classes

_____

4. les spécialités / préféré (*adj.*) / l'université / être

_____

5. la plupart des étudiants / faire un stage *(internship)* / dans

_____

Quand, lorsque *(when)*, dès que *(as soon as)*, aussitôt que *(as soon as)*

In English when we use *when* or *as soon as* in a future context, the pattern is:

> As soon as he *arrives*, we *will show* him to his room.
> I *will let* you *know* when I *have* the results.

In French, on the other hand, there is another logic when future events occur in close sequence. Since neither event has yet taken place, both verbs will be in the future:

> **Dès qu'il *arrivera,* nous l'*amènerons* à sa chambre.**
> **Je te *préviendrai* quand je *saurai* les résultats.**

Exercice F. Mettez la forme correcte du verbe.

> **Modèle :** (Aussitôt que / la lune / se lever), les loups commenceront à hurler.
>
> *Aussitôt que la lune se lèvera, les loups commenceront à hurler.*

1. (Aussitôt que / les visiteurs / sonner) _____

_____ , on ouvrira la porte.

2. (Lorsque / elle / me voir) _____

_____ , elle commencera à se traîner vers moi.

3. (Quand / le train / arriver) _____

_____ je serai là, sur le quai, en vous attendant.

4. (dès que / tu / entendre / l'histoire) Je sais que tu riras _____

_____

5. (quand / vous / être / plus calme) Je vous parlerai _____

_____

6. (Dès que / nous / retrouver / notre clé) _____

_____ nous vous la donnerons.

7. (quand / vous / atteindre / le sommet) Vous aurez une belle surprise _____

_____

8. (Dès que / elle / parler / moins fort) ___._____

_____ elle évitera de se faire remarquer.

The future perfect

When an action **will have been completed at a future date,** the future perfect is used. It is formed by using the future of the auxiliary verb and the past participle:

> **Demain à cette heure-ci, *je serai arrivé* à Paris.**
> *Tomorrow by this time I will have arrived in Paris.*

> **Dans vingt-quatre heures l'araignée l'aura tué.**
> *In twenty-four hours the spider will have killed him.*

Exercice G. A l'avenir. Qu'est-ce que vous aurez déjà fait…

1. demain à cette heure-ci ? _____

_____

2. l'été prochain ? _____

_____

3. avant les vacances de Noël ? _____

_____

4. avant de passer cet examen important ? _____

_____

5. avant d'emprunter cet argent à votre sœur ? _____

_____

           Lesson 12

6. demain soir ? _____

_____

7. samedi prochain avant de sortir ? _____

_____

8. à la fin du semestre ? _____

_____

II. COMMENT EXPRIMER UN EVENEMENT « FUTUR » AU PASSE

What is meant by a future event in the past? Look at the time line below:

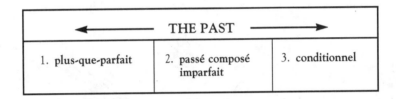

All events are in the past; events in time zone 1 precede the **passé composé/imparfait,** while events in time zone 3 follow the **passé composé/imparfait.** Here are some examples of 2 and 3 together:

> *I told them I would arrive late.*
> *He said he would meet me in front of the theater.*

To express "would arrive" and "would meet," use the conditional in French.

How to form the conditional

Use the future stem (regular or irregular) and add the following endings: **-ais, -ais, -ait, -ions, -iez, -aient.**

> **Je leur ai dit que** *le train arriverait en retard.*
> **Il a dit qu'il me** *retrouverait à 9 heures.*
> **Je savais que je me** *souviendrais toujours d'elle.*

Exercice H. Voilà deux listes d'événements. Les actions dans la liste B ont suivi celles dans la liste A. Ecrivez les phrases au conditionnel pour montrer ce rapport temporel.

Modèle : A. Il m'a expliqué que B. la porte (être) fermée à minuit.

Il m'a expliqué que la porte serait fermée à minuit.

A.	**B.**
Nous avons dit que	nous lui (montrer) le passage
As-tu compris que	les routes (être) toutes bloquées
Il n'a pas mentionné que	le train (partir) en retard
Je lui ai expliqué que	le dîner (être) servi à 8 h.
Elle nous a dit qu'	elle nous (rendre) la voiture à midi
On m'a assuré que	la bête (ne pas se jeter) sur nous
Je leur ai dit qu'	il (ne pas nous attaquer)

1. _____

_____

2. _____

_____

3. _____

_____

4. _____

_____

5. _____

_____

6. _____

_____

7. _____

_____

LESSON THIRTEEN

POUR FAIRE UN POEME DADAISTE

REVISION
—LES ADJECTIFS DEMONSTRATIFS
CE, CET, CETTE, CES
-LA, -CI
—L'ARTICLE INDEFINI ET LE PARTITIF

I. LES ADJECTIFS DEMONSTRATIFS

The demonstrative adjectives point out something or someone: *this, that, these, those.* In French the forms are:

Masculine singular	Feminine singular	Masculine and Feminine plural
ce (cet)	cette	ces

ATTENTION:
Cet is used only with a masculine singular noun when it begins with a vowel or vowel sound:
cet arbre, cet hôtel.

Exercice A. Choisissez la forme correcte de l'adjectif démonstratif.

1. _____ journal   2. _____ coupures   3. _____ poème

4. _____ écrivain   5. _____ mots   6. _____ longueur

7. _____ article   8. _____ ciseaux   9. _____ ordre

-Ci and -là

-**Ci** and -**là,** added to the end of the noun, are used with the demonstrative adjectives in the following situations:

1. When you want to emphasize: *I want those scissors.*

   Je voudrais ces ciseaux-là.

2. When you choose between "the former" (**-là**) and "the latter" (**-ci**):

Il ne vend pas cette carte-ci, mais cette carte-là.

Exercice B. Le shopping. Vous êtes devant le comptoir d'un pâtissier. Vous lui nommez ce que vous voulez en indiquant avec le doigt.

Modèle : *Cette pâtisserie-là, s'il vous plaît.*

1. (petit gâteau) Monsieur, _____ ,

   c'est combien ?

2. (petits fours) _____ , c'est combien les cent grammes ?

3. (tarte aux pommes) _____ , s'il vous plaît.

4. (petits pains) Je voudrais une douzaine de _____ ,
   s'il vous plaît.

5. (pain de campagne) _____ , c'est combien ?

Maintenant vous êtes chez le fruitier. Ajoutez *-ci* et *-là* pour distinguer entre *this* et *that*, *these* et *those*.

6. Non, monsieur, pas ce melon- _____ , mais ce melon- _____ .

7. Recommandez-vous cette pastèque- _____ ou cette pastèque- _____ ?

8. Ces cerises- _____ sont plus mûres que ces cerises- _____ .

Exercice C. Complétez les phrases suivantes en employant les adjectifs démonstratifs.

1. Une jupe de _____ longueur (f.) ne te va pas. Tu es trop petite.

2. Prenez _____ côtelette et jetez-la dans la poubelle.

3. Je me sers de _____ ciseaux depuis des années.

4. Un autre roman de Stephen King ? _____ auteur est vraiment prodigieux.

5. De _____ deux sacs, lequel préfères-tu ? _____ sac-_____ ou _____ sac-_____ ,
   le bleu ou le jaune ?

6. Quel arbre aimes-tu mieux ? _____ arbre-_____ est un chêne, _____ arbre-
   _____ est un peuplier.

7. « Vive la République ! » _____ mots ont inspiré bien des Français.

8. Le capitaine s'adresse à son caporal : — _____ ordres viennent du commandant.

9. Tu as lu _____ article sur la Renault dans *l'Express* ?

10. Tu vois _____ homme là-bas, aux cheveux gris ?

Exercice D. A vous de choisir. Employez *-ci* ou *-là* pour indiquer *the former (-là)* et *the latter (-ci)*.

1. Voilà des pommes mûres et des pommes vertes. Je préfère ces pommes _____ (*the former*).

2. Voilà une coupe de cheveux démodée et une autre coupe de cheveux plus moderne. Mon père, lui, choisirait toujours cette coupe _____ (*the latter*).

3. De ces groupes d'étudiants, lesquels viennent du Japon ? —Je crois que ce groupe _____ est du Japon (*the latter*).

4. Quel disque préférez-vous ? Ce disque de Parker ou ce disque de Bird ? —Nous préférons ce disque _____ (*the former*).

5. Préférez-vous les chaussures noires ou les rouges ? —Je préfère plutôt ces chaussures _____ (*the former*).

6. Laquelle des deux journalistes t'intéresse le plus, Leslie Stahl ou Connie Chung ? —Cette journaliste _____ (*the latter*).

7. Tu t'occupes de ta santé. Alors prends-tu cette tranche de gouda ou cette tranche de brie ? —Cette tranche _____ (*the former*).

8. Quand on est pressé, quel avion prend-on, la Concorde ou le 747 ? —On prend cet avion _____ (*the former*).

II. L'ARTICLE INDÉFINI ET L'ARTICLE PARTITIF

Preliminary remark: In English we often use a noun without any article marker: *We bought bread, cheese, and milk. I have homework to do tonight.* This omission of a noun marker is *very rare* in French. Instead one uses the partitive article or the indefinite article[1]: **Nous avons acheté du pain, du fromage et du lait** (partitive). **J'ai des devoirs à faire** (indefinite article).

1. The indefinite articles (*a, some, any,* or no marker in English): The forms of the indefinite articles are **un, une,** and **des.** Use the indefinite article with singular or plural things you *count:* **un médecin, des cousins, un sac, des mots, une coupure, des pâtes.**

---

[1]An exception is the generic use of the definite article. See Lesson 15.

2. The partitive (*some, any,* or no marker in English): The forms of the partitive are **du, de la, de l'**. Use the partitive article with things you *measure*: **de la soupe, du vin, de la patience, du courage, de l'eau.**

> **REMEMBER:**
> Use the partitive when you measure, the indefinite article when you count. Almost never would you omit a noun marker of some sort.

Exercice E. Vous avez gagné un concours (*contest*) dont le prix est le suivant : On vous permet de sortir d'un magasin avec tout ce que vous pourrez mettre dans votre chariot (*cart*) en quarante minutes. Faites une liste de vos choix en employant l'article indéfini ou le partitif.

au rayon « Vêtements »

1. _____ tricot de cachemire

2. _____ veston d'Armani

3. _____ chaussures de sport

4. _____ collants

au rayon « Produits de Beauté »

5. _____ pâte dentifrice (*f.*)

6. _____ shampooing (*m.*)

7. _____ savon

8. _____ bâton de rouge à lèvres

9. _____ fixatif

au rayon « Appareils »

10. _____ disques compacts

11. _____ ordinateur (*m.*) (*computer*)

12. _____ vidéoscope (*m.*) (*V.C.R.*)

13. _____ chaîne-stéréo (*f.*)

14. _____ cassettes vidéo

 Lesson 13

Exercice F. Le malade parle. Vous êtes souffrant(e). Vous allez chez le médecin; il vous demande ce que vous avez mangé et bu récemment. Enumérez en employant le partitif ou l'article indéfini.

_____   _____

_____   _____

_____   _____

_____   _____

_____   _____

_____   _____

When do you use only *de* instead of the full partitive or indefinite articles?

There are two occasions when you will not use the partitives (**du, de la , de l'**) or the indefinite articles (**un, une, des**); instead you will only use **de**:

1. *After a negative verb:*

> **Il n'a jamais d'argent.**
> **Je ne reçois pas de cadeau.**
> **On n'a pas de billet.**

BUT this exception does not apply to the verb **être**:

> **Ce n'est pas un livre, c'est un cahier.**
> **Ce ne sont pas des voisins, mais des étrangers.**

Nor does the exception apply when the negation is not absolute, but limited. See the difference between these two sentences:

> **Je n'ai pas d'argent.** (absolute)
> **Je n'ai pas de l'argent pour une voiture.** (limited)

2. *After an expression of quantity:*

> **On écrit trop de mots.**
> **Il a tant de courage.**
> **Nous achetons assez de provisions pour le week-end.**

BUT, after the expressions **la plupart** (*most*) and **bien,** the synonym for **beaucoup,** use **de** + the definite article:

> **La plupart des intellectuels sont contre cette idée.**
> **Bien des touristes arrivent en Grèce en août.**

See Lesson 5 for a comprehensive review of describing with quantities.

Exercice G. Est-on typique ? Que fait l'étudiant typique pendant ses vacances ? Si vous n'êtes pas d'accord avec une des phrases, répondez au négatif selon le modèle.

> Modèles : On va à la plage.
>
> —*Moi aussi je vais à la plage.*
>
> On fait une promenade.
>
> —*Moi, je ne fais jamais de promenade.*

1. On fait un voyage.

   _____

2. On achète une voiture.

   _____

3. On crée des poèmes.

   _____

4. On visite des villes célèbres pour leur cuisine.

   _____

5. On a un rendez-vous chez le docteur Thomassin.

   _____

6. On retrouve souvent des amis de l'école secondaire.

   _____

7. On rend des livres sortis de la bibliothèque.

   _____

8. On s'achète du parfum.

   _____

9. On écrit des lettres.

_____

10. On boit du thé glacé.

_____

Exercice H. Soyons précis. Ajoutez une quantité devant les mots soulignés. Faites tous les changements nécessaires. Attention à *la plupart des* et *bien des (Lesson 5)*.

1. (peu) Le maître d'hôtel n'est pas content : il y a <u>des clients.</u> _____

_____

2. (la plupart) <u>Les journaux</u> ne parlent que de l'économie. _____

_____

3. (trop) Elle a servi <u>de la confiture</u> à l'enfant. _____

_____

4. (si peu) Je me suis toujours demandé pourquoi elle avait <u>des problèmes.</u> _____

_____

5. (tant) On lisait <u>de l'angoisse</u> sur son visage. _____

_____

6. (un flot) <u>Du sang rouge</u> coulait de l'araignée. _____

_____

7. (beaucoup) J'ai entendu sonner <u>des téléphones.</u> _____

_____

8. (bien) On a remarqué <u>des becs d'oiseaux</u> qui décoraient le chapeau. _____

_____

LESSON FOURTEEN
LE DEFUNT

REVISION

—**LES PRONOMS INTERROGATIFS : SUJET, OBJET, L'ADJECTIF INTER-
ROGATIF *QUEL, QUELLE, QUELS, QUELLES***

—**LES PRONOMS DEMONSTRATIFS : *CELUI, CELLE, CEUX, CELLES*
+ *QUI, QUE, DONT;* + *-CI, -LA;* + LES PREPOSITIONS**

I. LES PRONOMS INTERROGATIFS

How do you express the interrogative word "what?" in French? We will study five of the
most frequently used forms.

1. "What" as a subject: **Qu'est-ce qui...**

   ***Qu'est-ce qui* vous intéresse ?** *What interests you?*
   ***Qu'est-ce qui* s'est passé ?** *What happened?*

2. "What" as an object:

   Que + *inversion of pronoun subject and verb*
   Qu'est-ce que + *regular word order*
   (With the long form, all you are doing is adding **est-ce que** to **Que**.)
   ***Que* veux-tu ?** *What do you want?*
   ***Qu'est-ce que* je peux t'offrir ?** *What can I offer you?*

Exercice A. En choisissant la forme correcte du pronom interrogatif, il faut distinguer le
sujet de l'objet. Voici des phrases qui commencent par *what.* Indiquez si *what* est sujet ou
objet.

   1. Qu'est-ce que cela veut dire ? _____

   2. Qu'est-ce que tu veux dire ? _____

   3. Qu'est-ce qui sonne ? _____

   4. Que font ces deux femmes ? _____

   5. Qu'avez-vous ? _____

6. Qu'est-ce qu'il y a ? _____

7. Qu'as-tu acheté ? _____

8. Qu'est-ce qui fait ce bruit ? _____

9. Qu'est-ce qui est sur la table ? _____

10. Qu'y a-t-il sur la table ? _____

Exercice B. Pour chaque phrase de l'Exercice A où vous avez indiqué « objet » , maintenant écrivez le vrai sujet de la phrase.

> **Modèle :** Qu'as-tu acheté ?   *« Tu » est le sujet*

1. _____   6. _____

2. _____   7. _____

3. _____   8. _____

4. _____   9. _____

5. _____   10. _____

3. "What" asking for a *definition of something:*

Qu'est-ce que : Qu'est-ce qu'« un tuyau » ? or
Qu'est-ce que c'est que : Qu'est-ce que c'est qu' « un tuyau » ?
Que signifie… ? : Que signifie « un tuyau » ?
Que veut dire… ? : Que veut dire « un tuyau » ?

Apprenez ces questions par cœur. Elles vous permettront de demander une définition ou le sens d'une expression.

Exercice C. Euh, pardon… Demandez à un(e) étudiant(e) une définition pour les mots suivants. C'est à l'étudiant(e) de donner la définition.

1. « ponctuel » _____

_____

2. « une épreuve » _____

_____

   3. « s'emparer de quelque chose » _____

_____

   4. « une veuve » _____

_____

   5. « un défunt » _____

_____

   6. « un enterrement » _____

_____

Exercice D. Posez la question en choisissant la forme correcte de « *what* » :

   1. _____ voulez-vous de moi ?

   2. _____ il y a sur la tête de Mme de Crampon ?

   3. _____ une caille ?

   4. _____ a lieu le 14 juillet ?

   5. _____ se trouve derrière la porte ?

   6. _____ coule dans les veines ?

   7. _____ elle a entendu ?

   8. _____ signifie cette expression ?

   9. _____ as-tu mis sur la table ?

  10. _____ se mange avec la confiture ?

4. "What" preceded by a preposition: **quoi**

De *quoi* a-t-il peur ? De *quoi* est-ce qu'il a peur ?
A *quoi* pense-t-il ? A *quoi* est-ce qu'il pense ?
Sur *quoi* est-il assis ? Sur *quoi* est-ce qu'il est assis ?

Exercice E. Voici la réponse. Complétez la question en écrivant la forme correcte de
« *what* » .

1. Il a peur *du chien.*

   _____ a-t-il peur ?

2. Elle a besoin *d'une voiture.*

   _____ a-t-elle besoin ?

3. Ils se fâchent *contre l'injustice.*

   _____ se fâchent-ils ?

4. Elle a parlé *d'une chouette.*

   _____ a-t-elle parlé ?

5. Cette machine sert *à laver le linge.*

   _____ sert cette machine ?

5. "What" as an adjective: *What house do you live in?* **Dans *quelle maison* habitez-vous ?**
   The forms are **quel, quels** (masculine), **quelle, quelles** (feminine). These forms can
   also mean "which" as well as "what." The adjective agrees with the noun it modifies.

   ATTENTION:

   One often finds a form of **quel + être +** *noun:*

   > *What's the date?*   **Quelle est la date ?**
   > *What's your address?*   **Quelle est ton adresse ?**
   > *What was the homework?*   **Quel était le devoir ?**

Exercice F. Ecrivez la forme correcte de l'adjectif interrogatif.

1. Pour _____ raisons sont-ils partis ?

2. Dans _____ ville êtes-vous né(e) ?

3. _____ mots sont les plus difficiles à prononcer ?

4. _____ marques *(f.)* de savon vendez-vous ?

5. _____ idée a-t-il eue de tomber muet ?

6. _____ sorte *(f.)* de chapeau porte-t-elle ?

       Lesson 14

7. _____ est son nom ?

8. _____ est cet objet ?

6. Miscellaneous "whats":

a) "What?" meaning you don't understand or hear:
Formal: **Plaît-il ?**
Usual: **Pardon ? Vous dites ?** (or) **Comment ?**
Less than polite: **Quoi ?** (or) **Hein ?** (the latter approximates the English "Huh?")

b) Also: "What else?" **Quoi d'autre ? Quoi encore ?**
"What's new?" **Quoi de neuf ?**
"What's the matter?" **Qu'est-ce qu'il y a ?**
"So what?" **Et alors ?**
"a what-d'you-call-it" **un machin, un truc**
"Mr. Whosits" **Monsieur Machin**
"What!"*(surprise)*: **Quoi ! Victor vit toujours ?**

Exercice G. Voici la réponse. Ecrivez la question pour le mot souligné.

Modèle : *(réponse)* J'ai souffert <u>bien des épreuves</u>.

(question) Qu'est-ce que vous avez souffert ? (ou)
Qu'avez-vous souffert ?

1. Il faut envoyer <u>votre réponse</u> tout de suite. _____

_____

2. Les petites filles ont envie <u>d'une autre poupée</u>. _____

_____

3. <u>Le remords</u> nous tue. _____

_____

4. Je vais vendre <u>mon perroquet</u>. _____

_____

5. Ma grand-mère m'<u>en</u> a déjà parlé. _____

_____

6. <u>Mon chat</u> me réveille le matin. _____

_____

7. Nous avons lu <u>le grand livre.</u> _____

_____

8. Julie va porter <u>sa robe de mariée.</u> _____

_____

9. Elle va la porter <u>avec un brassard noir.</u> _____

_____

10. Un synonyme de « plaît-il » est « <u>pardon</u> » . _____

_____

II. LES PRONOMS DEMONSTRATIFS

The demonstrative pronouns point out: *this one, that one, these, those; the one (who/that),* or *the ones (who/that).*

The forms of the pronoun are **celui, ceux** *(masculine)*; **celle, celles** *(feminine).* They must agree with the noun they replace in number and gender.

Celui-*ci* = *this one close by,* and by extension, *the latter;* **celui-*là*** = *that one over there,* and by extension, *the former.*

ATTENTION:
The demonstrative pronouns cannot stand alone. They must be followed either (1) by a relative pronoun **(qui, que, dont)**; (2) by **-ci** or **-là**; or (3) by a preposition such as **de, à, avec, pour, sans,** etc. Study the following examples:

> ***Celui* que j'aime** a les yeux clairs. (*The one I love . . .*)
>
> ***Celle* qui danse** est ma nièce. (*The one who is dancing . . .*)
>
> **Vous voyez ces gens là-bas ?** *Ceux-là, à gauche,* **travaillent ici.**
>
> **De toutes les femmes,** *celles-ci* **l'accusent d'un crime.**
>
> ***Celui à la porte*** **cherche Madame Lebrun.**
>
> **Une des Dupont ?** *Celle de ma classe* **s'appelle Honorine.**

Exercice H. Ecrivez la forme correcte des pronoms démonstratifs.

1. _____ qui nous a aidés hier, comment s'appelle-t-elle ?

2. Je ne connais pas _____ (m.) dont tu parles. Je n'ai jamais fait sa connaissance.

3. Il y a beaucoup de livres dans la bibliothèque, mais _____ que je cherche n'y sont pas.

4. Ce livre-ci est émouvant, mais _____ , tout en haut de l'étagère, est peu intéressant.

5. Les oiseaux ? _____ sont verts, _____ , là-bas, sont bleus.

6. Ces costumes-ci sont plus beaux que _____ .

7. Connais-tu Jean et Serge ? _____ a un nom très courant en français,

_____ a un nom que l'on entend moins souvent.

8. Comment s'appelle cette jeune fille, _____ avec qui tu parlais ?

9. —Aimez-vous ces fleurs ?

—Lesquelles ?

— _____ de M. Hamel, dans son jardin.

10. Connais-tu Victor Badouin ? Oh oui, c'est _____ pour qui Julie aurait tout sacrifié.

Exercice I. Répondez à ces petites questions en employant des pronoms démonstratifs et un peu d'imagination.

Modèles :   Quels gens ? *Ceux qui sont là-bas.*

Quel oiseau ? *Celui au large bec.*

1. De quelle actrice parlez-vous ? _____

_____

2. De quels étudiants parlez-vous ? _____

_____

3. Quelles chemises avez-vous achetées ? _____

_____

4. Quels oiseaux chantent ? _____

_____

5. Quelles fleurs préférez-vous ? _____

_____

6. Sur quels bancs vous asseyez-vous ? _____

_____

7. A quel grand-père rendez-vous visite ? _____

_____

8. Quel chapeau préférez-vous ? _____

_____

9. De quel nouveau comptable parlez-vous ? _____

_____

10. Dans quelle cave a-t-il mis le vin ? _____

_____

Exercice J. Expliquez-moi... En employant une forme des pronoms démonstratifs, traduisez en français les expressions entre parenthèses. (*If you need to review the relative pronouns, see Lesson 4 and Lesson 7.*)

Modèle :   le livre : (*the one that he wrote his name in — i.e. the one in which he wrote his name.*)

Celui dans lequel il a écrit son nom.

1. la table : _____

(*the one that he set the plates on*)

2. la maison : _____

(*the one that he parked* [**stationner**] *in front of*)

3. le verre : _____

(*the one that she broke*)

4. les petites filles : _____

(*the ones who were playing with their friends*)

5. les garçons : _____

   (the ones that he was playing baseball with)

6. les chiens : _____

   (the ones who run after cars)

7. les acteurs : _____

   (the ones that you saw in the play)

8. l'étudiante : _____

   (the one who was going to quit [**renoncer à**] *school)*

9. l'ami : _____

   (the one that I always count on)

10. la chanson : _____

    (the one that gives me a lot of pleasure)

LESSON FIFTEEN

SPEAK WHITE

REVISION

— L'EMPLOI DE L'ARTICLE DEFINI
— COMMENT DECRIRE AVEC LES ADVERBES,
  LES ADJECTIFS ET LES PRONOMS INDEFINIS :
  PLUSIEURS, AUCUN(E), CHAQUE, CHACUN(E)
  QUELQUES, QUELQUES-UN(E)S

I. L'ARTICLE DEFINI

The definite article marks the gender and number of a noun:

le, l'	masculine singular
la, l'	feminine singular
les	masculine and feminine plural

With the preposition **à**, **le** and **les** become **au** and **aux** (**au jeune homme, aux bureaux**); with the preposition **de**, **le** and **les** become **du** and **des** (**du Canada, des Etats-Unis**). The main uses of the definite article follow.

1. The definite article precedes a noun already identified by context:

   Je suis entré dans un jardin. Le jardin s'appelait « Les Tuileries » . (**Le jardin** was identified in the previous sentence.)

   Je reconnais toujours la langue de Shakespeare et la poésie de Blake.
   (*Shakespeare's language and Blake's poetry*)

2. The definite article identifies abstractions and categories. This is its *general or generic* use. (In English, no article is used):

   Nous voulons la paix.
   Qu'est-ce que la liberté ?
   Les adultes sont fort différents des jeunes.

   The definite article used generically often follows the verbs **aimer, préférer, adorer, détester, ne pas aimer:**

   Je préfère la liberté à la tyrannie.

115

3. Definite articles are used with titles:

Le Président Clinton, Le Docteur Michaud

with countries, oceans, and rivers:

le Sénégal, la Tamise (*the Thames*)**, la Seine**

with dates:

le 9 juin, le 22 avril

NOTE:
To express habitual days of the week (*Mondays and Tuesdays I'm at home*), the noun and definite article are *in the singular:* **Je suis chez moi le lundi et le mardi.**

with academic courses: **la zoologie;** and languages: **le russe, l'italien.**

Exercice A. Identifiez l'emploi de l'article défini dans les phrases suivantes : mettez la lettre *A* devant la phrase si le nom est déjà identifié (*the*); mettez la lettre *B* si le nom est employé au sens général (générique).

Modèle : <u> B </u> 1. *La liberté* est un mot rose.

_____ 1. *L'accent* de Milton est beau.

_____ 2. Nous rentrons au moment où *le soleil* disparaît.

_____ 3. Nous ne sommes pas sourds à *la langue* de Blake.

_____ 4. *La misère* est un mot noir.

_____ 5. Parlez *du charme* de la Thamise.

_____ 6. *L'amour-propre* est notre pire ennemi.

_____ 7. *Les étudiants* se font remarquer par leur énergie.

Exercice B. Identifiez où se trouvent ces personnes et ces lieux. Attention à l'emploi de l'article défini.

1. Le pays de naissance de Michèle Lalonde ?

_____

2. Le pays du programme « La Grande Société » ?

_____

3. Le pays dont Ottawa est la capitale ?

_____

4. Le plus long fleuve des Etas-Unis ?

_____

5. Une province canadienne au nord-est du pays ?

_____

6. Le continent où se trouve le Mexique ?

_____

7. Le cours que vous aimez le plus ?

_____

8. Le cours que vous aimez le moins ?

_____

9. Nice et Saint-Tropez sont à côté de cette mer.

_____

10. La langues parlées par les Suisses et les Belges ?

_____

Exercice C. Mettez le titre qui convient devant les noms propres qui suivent. Parmi les possibilités : rois, reines, princes, physiciens, amiraux, généraux, empereurs, premiers ministres et présidents. N'oubliez pas l'article défini.

1. _____ MacArthur

2. _____ Roosevelt

3. _____ Marie Antoinette

4. _____ Churchill

5. _____ Washington

6. _____ Marie Curie

7. _____ Louis XIV

8. _____ Napoléon

9. _____ Chou En-lai

10. _____ de Gaulle

Exercice D. Identifiez le lieu, la date ou la personne de chaque description. N'oubliez pas l'article défini.

1. la plus haute montagne d'Europe

_____

2. le continent où se trouve le Mali

_____

3. l'enfant mangé par un loup dans un conte de fées français

_____

4. le pays d'origine du révolutionnaire Robespierre

_____

5. celui qui a inventé le vaccin Salk contre la polio

_____

6. le pays de naissance de Margaret Thatcher

_____

7. la date du jour des Poissons, célébré en France et équivalent à *April Fool's Day* aux Etats-Unis

_____

8. le jour de la Bastille

_____

9. la Toussaint, fête religieuse qui a lieu le lendemain de Halloween

_____

10. celui qui gouverne les Français depuis 1981

_____

_____

II. COMMENT DECRIRE AVEC LES ADVERBES, LES ADJECTIFS ET LES PRONOMS INDEFINIS

The purpose of this section is to give you practice in adding detail to what you have to say. You already recognize a large number of words when you read and listen to French. Now you want to move them from a passive vocabulary to an active one. With detail and specificity, what you say will be more interesting, more convincing, more compelling.

Exercice E. Répondez aux questions suivantes en mettant l'un des adverbes ci-dessous dans votre réponse : **toujours / souvent / de temps en temps / jamais / à peine.**

1. Ecrivez-vous des lettres ? _____

_____

2. Ecrivez-vous des poèmes ? _____

_____

3. Moi, je fais du jogging trois fois par semaine, et vous ? _____

_____

4. Faites-vous des voyages ? _____

_____

5. Avez-vous jamais vu la Tamise ? _____

_____

6. Regardez-vous les actualités à la télé ? _____

_____

7. J'ai un ami qui parle couramment italien. Et vous ? _____

_____

8. Allez-vous au cinéma ? _____

_____

9. Jouez-vous au tennis ? _____

_____

10. Feriez-vous la grève s'il le fallait ? _____

_____

Exercice F. Lisez le paragraphe qui suit, puis mettez-y les adverbes suivants pour le nuancer : **très / bien / fort / peu / assez / tant.**

La concierge, Mme Leblanc, est _____ capable de tenir son poste. Elle a l'air _____ sévère; elle ne permettrait à personne de pénétrer dans l'immeuble. D'ailleurs, elle s'est déjà montrée _____ tenace et serait _____ intimidée par des gens impolis. Vous savez, ces jours-ci il y a _____ de types dangereux dans les rues, et il faut se méfier d'eux.

In the following exercise you will work with a small but valuable group of indefinite adjectives and pronouns that allow you to describe in general but more nuanced terms. The forms include:

adjective		pronoun	
plusieurs *(several)*	plusieurs visiteurs	plusieurs *(several)*	J'en ai vu plusieurs.
quelques *(some, a few)*	quelques jurons	quelques-un(e)s *(some, a few)*	J'en ai entendu quelques-uns.
chaque *(each)*	chaque ouvrier	chacun(e) *(each [one])*	J'en ai parlé à chacun.
aucun(e) *(no, not any)*	aucune réponse	aucun(e) *(none)*	Il n'y en avait aucune.

NOTE:
If the indefinite pronoun is the direct object, it is necessary to add **en** in the response:

J'en ai vu plusieurs. *I saw several (of them).*
J'en ai entendu quelques-uns. *I heard a few (of them).*
J'en ai parlé à chacun. *I spoke to each (of them).*
Il n'y en avait aucune. *There was none (of them).*

Exercice G. Répondez aux questions suivantes en employant les adjectifs ou les pronoms indéfinis : **plusieurs / quelques / quelques-un(e)s / aucun(e)(s) / chaque / chacun(e).**

N'oubliez pas : Si le pronom indéfini est un objet direct, il faut avoir *en* dans la réponse.

Modèle : Combien de robes as-tu achetées au magasin ?

Je n'ai acheté aucune robe. J'étais fauchée.

ou *Je n'en ai acheté aucune. J'étais fauchée.*

1. Vous avez planté des fleurs ? Combien ?

   _____

2. Vous avez écrit des compositions ? Combien ?

   _____

3. Deux de vos cousins et vous, vous dînez au restaurant. Le garçon arrive avec l'addition qui se monte à 300 francs. Vous divisez cette somme, c'est-à-dire,

   _____ a payé 100 francs.

4. Combien de ces livres avez-vous lus : *Les Trois Mousquetaires, Madame Bovary, Great Expectations ?*

   _____

5. Combien de lettres recevez-vous chaque mois ?

   _____

6. Avez-vous vu tous ces films ?

   _____

7. Quand vos amis et vous, vous allez au cinéma, qui paie les billets ?

   _____

8. Après avoir fini vos études, reverrez-vous vos professeurs ?

   _____

9. Vendrez-vous vos livres à la fin du semestre ?

   _____

10. Combien de fois allez-vous à la bibliothèque chaque semaine ?

    _____

LESSON SIXTEEN
L'AZIZA

REVISION
—COMMENT S'EXPRIMER AU PASSE AVEC
LE PLUS-QUE-PARFAIT, *VENIR* + *DE* A L'IMPARFAIT
—LES PREPOSITIONS AVEC LES NOMS GEOGRAPHIQUES, LES
SAISONS, LES DATES

I. LE PLUS-QUE-PARFAIT

The **plus-que-parfait** resembles the English pluperfect in form and use. It is made up of the auxiliary verb **avoir** or **être** in the imperfect tense plus a past participle. Its purpose is to express an action which happened before some other past action. Here are some examples:

Quand nous sommes arrivés au parc la pluie avait déjà commencé à tomber.

Je savais le nom de sa fille mais je n'avais jamais fait sa connaissance.

Exercice A. Mettez les verbes suivants au plus-que-parfait. Si vous n'êtes pas sûr(e) des formes des verbes **avoir** et **être,** cherchez-les dans l'appendice.

1. je les ai vus _____

2. elle se lèvera _____

3. nous ne le lisons pas _____

4. tu es tombé(e) _____

5. n'entrez-vous pas ? _____ ?

6. se sont-ils couchés ? _____ ?

7. elle ne mangeait pas _____

8. on l'a cherché _____

9. on ne les trouve pas _____

10. nous nous rencontrions _____

11. elle lui écrira _____

12. je suis parti(e) _____

Exercice B. Voici des paires de phrases qui décrivent des actions. Formez une seule phrase composée de chaque paire. Le verbe qui exprime la première action sera au **plus-que-parfait;** l'autre verbe sera ou à **l'imparfait** ou au **passé composé.**

Modèles :   J'ai mangé le sandwich. Je l'ai déjà acheté.

J'ai mangé le sandwich que j'avais déjà acheté.

Il a bu le café. Sa mère l'a préparé pour lui.

Il a bu le café que sa mère avait préparé pour lui.

1. J'ai cassé le verre. Tu me l'as donné avant-hier. _____

_____

_____

2. Il a fini une composition. Son prof lui a dit de l'écrire. _____

_____

3. Elle portait un tricot. Sa grand-mère le lui a fait. _____

_____

_____

4. Les bûcherons ont tué le loup. Nous avons rencontré les bûcherons.

_____

5. Tu as acheté cette maison. Ton père l'a fait construire.

_____

Exercice C. Qu'aviez-vous fait ? Expliquez à un(e) ami(e) l'action qui avait précédé celles qui se trouvent ci-dessous.

Modèle :   (avant de dîner)

Avant de dîner, j'avais mis le couvert.

Hier soir...

1. (avant de me reposer) _____

_____

2. (avant de nous mettre à table) _____

_____

3. (avant de me coucher) _____

_____

Le semestre dernier...

4. (avant d'arriver à l'université en septembre) _____

_____

5. (avant d'écrire mon examen) _____

_____

6. (avant de partir pour la Floride) _____

_____

The **plus-que-parfait** is also used in indirect discourse in the past. In a conversation, for example, you might hear sentences like these:

> **J'ai entendu parler d'Aziza.**
> **Nous avons dansé toute la nuit.**
> **Je suis tombé amoureux d'elle.**

To relate this conversation (indirect discourse) in the past with **Il a dit que...** , the tense changes from **passé composé** to **plus-que-parfait:**

> **Il a dit qu'il avait entendu parler d'elle.**
> **Il a dit qu'ils avaient dansé toute la nuit.**
> **Il a dit qu'il était tombé amoureux d'elle.**

These changes are often found in English as well:

She fell down.	They told me *she had fallen.*
The party was great!	Everyone said *it had been a great party.*
They arrived early.	We were sure *they had already arrived.*

Exercice D. Changez les phrases suivantes à la forme indirecte au passé.

1. J'ai reçu une lettre de ma mère. Elle m'a dit qu'elle (perdre) _____ sa montre la semaine dernière.

2. J'écoutais des nouvelles à la télé. On a annoncé que plus de deux mille personnes

   (mourir) _____ dans le tremblement de terre.

3. On lui a dit que le voleur (avouer) _____ le crime.

4. Mon frère m'a dit qu'il (cesser) _____ de fumer l'année dernière.

Venir de à l'imparfait

In the present, **venir de** + an infinitive means *"has/have just* done something." **Venir de** + an infinitive in the imperfect, on the other hand, means *"had just done* something." In both cases the action just completed is expressed by the infinitive. Here are some examples:

> **Elle venait de me répondre.**
> *She had just answered me.*
> **Je viens de lui poser la question.**
> *I've just asked him the question.*

Exercice E. Changez le verbe *venir* à *l'imparfait* et traduisez les phrases en anglais.

1. Aziza vient de mettre son étoile jaune. _____

   _____

   _____

2. Elle vient de traverser le parc. _____

   _____

   _____

3. Nous venons de voir une étoile jaune. _____

   _____

   _____

4. Tu viens de danser avec elle. _____

_____

_____

Exercice F. Expliquez-le-nous. Inventez une réponse qui explique ce qui venait d'arriver.

Modèle :   Pourquoi as-tu ouvert la porte ?

Quelqu'un venait de sonner.

1. Pourquoi l'enfant pleurait-elle ?

_____

2. Pourquoi ton ami s'est-il fâché contre toi ?

_____

3. Pourquoi êtes-vous sorti(e) avec eux ?

_____

4. Pourquoi avez-vous téléphoné à la police ?

_____

5. Tu avais l'air très fatigué hier soir. Pourquoi ?

_____

II. GEOGRAPHIC NAMES, SEASONS, AND DATES AND THEIR PREPOSITIONS

1. *Cities:* To be *in* or going *to* a city, the preposition is **à.** Going *from* a city requires **de.**

> **à Paris, à Alger, à Bruxelles, à Londres, à Moscou**
> **de Montréal, de Genève, d'Orléans, de Marseille**

A few cities take the definite article:

> **à La Haye, à La Havane, de La Nouvelle-Orléans**

2. *Countries and continents:* With countries and continents, it's a bit more complex. Feminine countries (most end in *e*) take **en** to express *in* or *to* (**en France**). To express *from* a feminine country, use **de** (**d'Italie**). With masculine singular countries, use **au** to express *in* or *to* (**au Mexique**) and **du** to express *from* (**du Canada**); if plural, **aux** or **des** (**aux Antilles, des Etats-Unis**). Some examples follow which express *to* or *in* using French-speaking countries.

With the prepositions **en** and **à**:

en Algérie	en Belgique	au Bénin
au Cameroun	au Cambodge (exception: masculine despite final letter **e**)	
au Canada	au Congo	en Corse
en Côte-d'Ivoire	en France	au Gabon
en Guinée	en Guyane	en Indochine

With the preposition **de**:

du Laos	du Luxembourg	du Mali
du Maroc	de Mauritanie	du Niger
de République centrafricaine	de République malgache (Madagascar)	du Sénégal
de Suisse	du Tchad	du Togo
de Tunisie	du Viêt-nam	du Zaïre (exception: masculine despite final letter **e**)

Exercice G. Comme vous voyez, le français n'est pas limité à l'Europe. La plupart de ces pays où l'on parle français sont en Afrique, surtout dans le nord et dans l'ouest. Mais ce n'est pas tout. Il y a des îles francophones un peu partout, et des régions francophones aux Etats-Unis (la Nouvelle-Angleterre, la Louisiane). Identifiez une dizaine de ces régions sur les cartes des pays francophones qui commencent à la prochaine page.

Exercice H. Vous travaillez dans une agence de tourisme et vous encouragez un(e) client(e) à faire un voyage. Etablissez son itinéraire et expliquez-le-lui. Employez les mots suivants : le Panama, l'Argentine, le Chili, le Mexique (exception!), les Etats-Unis, l'Amérique, le Portugal, la Suède, la Suisse, l'Asie, le Japon, la Chine.

_____

_____

_____

_____

 Lesson 16

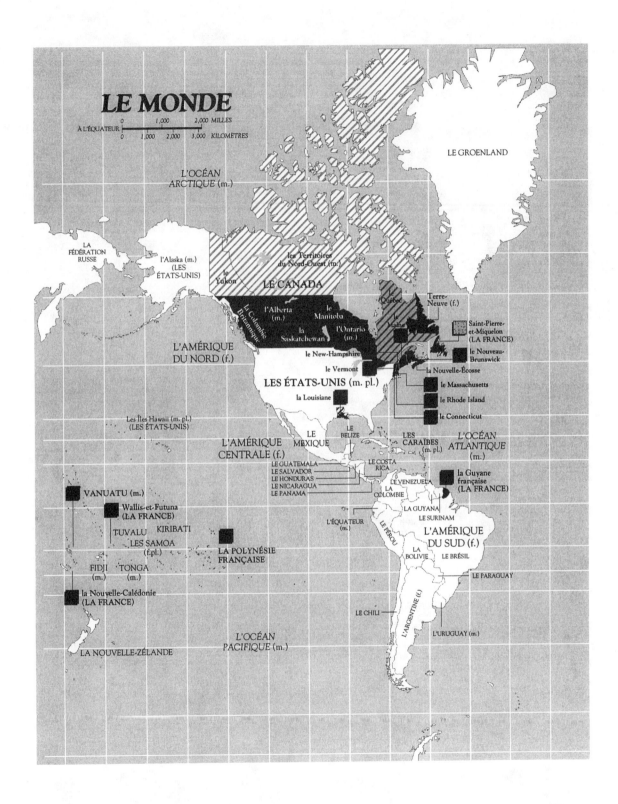

LE MONDE

À L'ÉQUATEUR
0   1,000   2,000 MILLES
0 1,000 2,000 3,000 KILOMÈTRES

LE GROENLAND

L'OCÉAN
ARCTIQUE (m.)

LA FÉDÉRATION
RUSSE

l'Alaska (m.)
(LES
ÉTATS-UNIS)

les Territoires
du Nord-Ouest (m.)

le
Yukon

LE CANADA

la Colombie
Britannique

l'Alberta
(m.)

le
Manitoba

la
Saskatchewan

l'Ontario
(m.)

Québec

Terre-
Neuve (f.)

le
Maine

Saint-Pierre-
et-Miquelon
(LA FRANCE)

L'AMÉRIQUE
DU NORD (f.)

le New-Hampshire

le Vermont

LES ÉTATS-UNIS (m. pl.)

la Louisiane

le Nouveau-
Brunswick

la Nouvelle-Écosse

le Massachusetts

le Rhode Island

le Connecticut

Les Îles Hawaii (m. pl.)
(LES ÉTATS-UNIS)

L'AMÉRIQUE
CENTRALE (f.)

LE
MEXIQUE

LE
BELIZE

LES
CARAÏBES
(m. pl.)

L'OCÉAN
ATLANTIQUE
(m.)

LE GUATEMALA
LE SALVADOR
LE HONDURAS
LE NICARAGUA
LE PANAMA

LE COSTA
RICA

LE VENEZUELA
LA
COLOMBIE

la Guyane
française
(LA FRANCE)

VANUATU (m.)

Wallis-et-Futuna
(LA FRANCE)

TUVALU KIRIBATI

LES SAMOA
(f.pl.)

LA POLYNÉSIE
FRANÇAISE

LA GUYANA
LE SURINAM

L'ÉQUATEUR
(m.)

LE PÉROU

L'AMÉRIQUE
DU SUD (f.)

FIDJI
(m.)

TONGA
(m.)

LA
BOLIVIE

LE BRÉSIL

la Nouvelle-Calédonie
(LA FRANCE)

LE PARAGUAY

L'ARGENTINE (f.)

LE CHILI

L'URUGUAY (m.)

L'OCÉAN
PACIFIQUE (m.)

LA NOUVELLE-ZÉLANDE

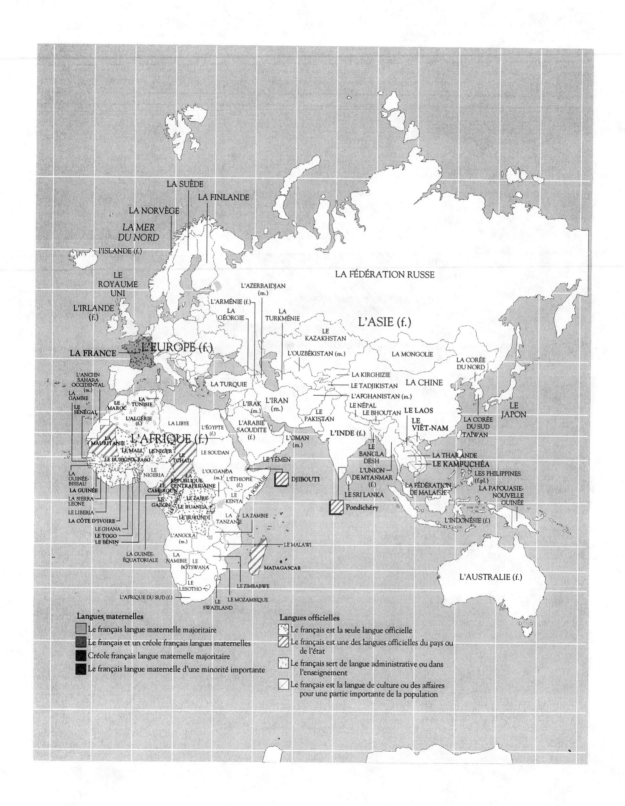

LA SUÈDE
LA NORVÈGE
LA FINLANDE
LA MER
DU NORD
L'ISLANDE (f.)
LE ROYAUME UNI
L'IRLANDE (f.)
LA FRANCE
L'EUROPE (f.)
L'ANCIEN SAHARA OCCIDENTAL
LA GAMBIE
LE MAROC
LA TUNISIE
LE SÉNÉGAL
L'ALGÉRIE (f.)
LA LIBYE
LA MAURITANIE
L'AFRIQUE (f.)
LE MALI
LE NIGER
LE BURKINA-FASO
LE TCHAD
LA GUINÉE-BISSAU
LE NIGERIA
LA GUINÉE
LA RÉPUBLIQUE CENTRAFRICAINE
CAMEROUN
LA SIERRA LEONE
LE GABON
LE ZAÏRE
LE LIBERIA
LE RUANDA
LA CÔTE D'IVOIRE
LE BURUNDI
LE GHANA
LE TOGO
LE BÉNIN
LA GUINÉE-ÉQUATORIALE
L'ANGOLA (m.)
LA NAMIBIE
LE BOTSWANA
L'AFRIQUE DU SUD (f.)
LE LESOTHO
LE SWAZILAND

L'AZERBAIDJAN (m.)
L'ARMÉNIE (f.)
LA GÉORGIE
LA TURKMÉNIE
LA FÉDÉRATION RUSSE
LE KAZAKHSTAN
L'OUZBÉKISTAN (m.)
LA TURQUIE
L'IRAK (m.)
L'IRAN (m.)
LA KIRGHIZIE
LE TADJIKISTAN
L'AFGHANISTAN (m.)
LE NÉPAL
LE PAKISTAN
LE BHOUTAN
L'ÉGYPTE (f.)
L'ARABIE SAOUDITE (f.)
L'OMAN (m.)
L'INDE (f.)
LE SOUDAN
LE YÉMEN
L'OUGANDA (m.)
L'ÉTHIOPIE (f.)
L'UNION DE MYANMAR (f.)
LA SOMALIE
DJIBOUTI
LE BANGLADESH
LE KENYA
LE SRI LANKA
Pondichéry
LE ZAMBIE
LA TANZANIE
LE MALAWI
MADAGASCAR
LE ZIMBABWE
LE MOZAMBIQUE

L'ASIE (f.)
LA MONGOLIE
LA CORÉE DU NORD
LA CHINE
LE LAOS
LA CORÉE DU SUD
LE JAPON
LE VIÊT-NAM
TAIWAN
LA THAÏLANDE
LE KAMPUCHÉA
LES PHILIPPINES (f.pl.)
LA FÉDÉRATION DE MALAISIE
LA PAPOUASIE-NOUVELLE GUINÉE
L'INDONÉSIE (f.)
L'AUSTRALIE (f.)

Langues maternelles
Le français langue maternelle majoritaire
Le français et un créole français langues maternelles
Créole français langue maternelle majoritaire
Le français langue maternelle d'une minorité importante

Langues officielles
Le français est la seule langue officielle
Le français est une des langues officielles du pays ou de l'état
Le français sert de langue administrative ou dans l'enseignement
Le français est la langue de culture ou des affaires pour une partie importante de la population

130 **Lesson 16**

_____

_____

_____

_____

_____

_____

3. *Seasons and years:* To say *in* a season which begins with a vowel sound, *en* is used:

> **en été, en automne, en hiver;**

otherwise **au** is used:

> **au printemps.**

With years, use **en to express** *in:*

> **en 1990,** etc.

To say *the 40s, 50s,* etc.:

> **les années quarante,** etc.

To say in which century: *au*

> **au vingtième siècle,** etc.

To say in which month: *au mois de* or *en*

> **au mois de janvier,** or **en janvier,** etc.

To write the date, be careful of the word order:

> **C'est le 25 décembre. C'est le premier avril,** etc.

Exercice I. Complétez les phrases suivantes.

1. Je suis né(e) _____. (en quelle année ?)

2. Je suis né(e) _____. (en quel mois ?)

3. Je suis né(e) _____. (à quelle date ?)

4. Je suis né(e) _____. (en quelle saison ?)

5. Et votre père/mère, il/elle est né(e) _____. (à quelle date ?)

6. Et votre pays, pendant quel siècle est-il devenu indépendant ? _____

   En quelle année ? _____

   A quelle date ? _____

7. De quel(s) pays vos ancêtres sont-ils venus ?

   Côté paternel _____

   _____

   Côté maternel _____

   _____

Exercice J. Ecrivez un petit récit à la première personne (*je*) où il s'agit d'une histoire d'amour interculturel. Deux personnes de nationalités différentes se rencontrent par hasard… Parlez de la première fois que vous l'avez vu(e) (en quelle année ? en quelle saison ? à quelle date ?). C'était dans quelle ville ? quel pays ?

_____

_____

_____

_____

_____

_____

_____

_____

_____

_____

LESSON SEVENTEEN

L'IMAGINATION AU POUVOIR

REVISION

—COMMENT INTERDIRE AVEC LES EXPRESSIONS SUIVANTES :
INTERDIRE, DEFENDRE, DEFENSE DE, IL NE FAUT PAS

—COMMENT ADOUCIR L'IMPERATIF AVEC LES EXPRESSIONS
SUIVANTES :
*VEUILLEZ, POUVOIR, CONSEILLER, SUGGERER,
IL VAUT MIEUX*

—COMMENT INDIQUER AVEC LES ADJECTIFS POSSESSIFS

I. COMMENT INTERDIRE

An interdiction means something is forbidden or prohibited. The most common expressions used in French to prohibit are:

interdire qqch à qqn   On interdit le film aux moins de 18 ans.

interdire à qqn de faire qqch   On nous interdit de fumer.

il (*neuter*) est interdit de + infinitive   Il est interdit de porter un chapeau

défendre qqch à qqn   La constitution défend cela aux citoyens.

défendre à qqn de faire qqch   Je vous défends de sortir.

il (*neuter*) est défendu de   Il est défendu de sortir du bus sauf aux arrêts indiqués.

défense de + infinitive   Défense d'afficher !

il ne faut pas + infinitive   Il ne faut pas parler aux étrangers, dit-elle.

Exercice A. Complétez les phrases suivantes.

1. Sur les grandes autoroutes, il est défendu de _____

_____

_____

2. Dans un monde Orwellien, il est interdit de _____

_____

_____

3. A la plage on lit les affiches qui disent : DEFENSE DE _____

_____

_____

4. Dans la salle de classe on a interdit _____

_____

_____

5. Le patronat défend aux ouvriers de _____

_____

Exercice B. Indiquez ce que l'on interdit/défend aux personnes suivantes.

Modèle : (les prêtres) Le pape _____

Le pape défend aux prêtres de se marier.

1. (le pyromane) Les autorités _____

_____

2. (le diabétique) Le médecin _____

_____

3. (la femme enceinte) Son médecin _____

_____

4. (les adolescents) Les parents _____

_____

5. (le client) La patronne du café _____

_____

6. (les moins de seize ans) Il est interdit _____

_____

7. (le président des Etats-Unis) La Constitution _____

_____

8. (l'agoraphobe) Son psychiatre _____

_____

Exercice C. Changez les impératifs en employant *Il ne faut pas, Défense de, On nous défend de, Je vous défends de, Il est interdit de.*

Modèle :   Ne parlez pas si fort.

Je vous défends de parler si fort.

1. Ne fumez pas. _____

2. N'entrez pas. Danger ! _____

_____

3. Ne courez pas dans le couloir. _____

_____

4. Ne marchez pas sur les fleurs. _____

_____

5. Ne vieillissez pas ! _____

6. N'affichez pas. _____

7. Ne m'insultez pas comme ça. _____

_____

8. Ne dépassez pas la zone de construction. _____

_____

Sometimes it is more effective to soften a command. In that case, use the following forms:

Veuillez + *infinitive*   **Veuillez fermer la porte.**

Pourriez-vous + *infinitive*   **Pourriez-vous me donner...**

Il vaut mieux + *infinitive or subjunctive clause*   **Il vaut mieux partir maintenant.**
Il vaut mieux que vous partiez.

suggérer que + *subjunctive*   **Je suggère que tu répondes sans délai.**

conseiller à qqn de + *infinitive*   **On lui conseille d'envoyer la lettre par avion.**

Exercice D. Transformez les phrases suivantes en employant l'expression entre paren-thèses. Faites les changements nécessaires.

1. (Pourriez-vous) Cherchez-moi mon manteau. _____

   _____

2. (Je suggère) Dînez avec moi ce soir. _____

   _____

3. (Il vaut mieux) Ne sors pas s'il pleut. _____

   _____

4. (Pourriez-vous ?) Venez me voir demain. _____

   _____

5. (Il vaut mieux) Ne parlez pas comme ça ! _____

   _____

6. (Veuillez) Remplissez le formulaire. _____

   _____

7. (Je suggère) Ne cache pas tes rêves. _____

   _____

8. (Je vous conseille) Prenez deux aspirines chaque jour. _____

   _____

     Lesson 17

9. (Il vaut mieux) Couchez-vous avant minuit. _____

_____

10. (Pourriez-vous ?) Téléphonez-moi ce soir. _____

_____

II. LES ADJECTIFS POSSESSIFS (*my, your, our, their, etc.*)

The most frequent errors nonnative French speakers make with the possessive adjectives are: (1) using the incorrect form to express *his* and *her* with singular nouns; (2) using the incorrect form to express *their*.

A. To express *his* or *her*, use **son** (*his, her*), **sa** (*his, her*), **ses** (*his, her*). The correct form depends on the gender and number of the noun modified, not the possessor.

her brother	**son frère:** *frère* is masculine
his aunt	**sa tante:** *tante* is feminine
her problem	**son problème:** *problème* is masculine
his car	**sa voiture:** *voiture* is feminine
his grandmother	**sa grand-mère:** *grand-mère* is feminine

There is one exception to this rule: if a feminine singular noun begins with a vowel or vowel sound, one must use the masculine singular form. This is done for greater ease of pronunciation:

her school	**son école:** *école* is feminine
his childhood	**son enfance:** *enfance* is feminine
her idea	**son idée:** *idée* is feminine

Exercice E. Un journaliste parle d'une manifestation qui vient d'avoir lieu devant la Sorbonne. Il cite plusieurs personnes qui y ont participé. Changez la phrase en employant la forme correcte de l'adjectif possessif.

Modèle :   On a exigé *la démission du ministre de l'Education.*   *sa démission*

1. Selon *l'opinion (f.) du manifestant,* les salaires sont trop bas. _____ opinion

2. *Un ami de Pierre* a refusé l'aide des médecins. _____ ami

3. *Les articles de la correspondante* parlaient surtout de la dévastation dans le quartier. _____ articles

4. On a lu *l'adresse (f.) de l'ouvrière* dans le journal. _____ adresse

5. *L'affiche (f.) d'une étudiante* a été détruite par la police. _____ affiche

6. *Le syndicat de Ronald* a décidé d'y participer. _____ syndicat

7. *L'activité favorite de la gréviste* était de jeter des pavés. _____ activité favorite

8. *La réaction du public* était peu favorable. _____ réaction

9. Les journaux parlent surtout du campus à Nanterre. C'est *l'université (f.) de Lucie*, n'est-ce pas ? _____ université

10. Tout le monde s'est réuni dans *l'appartement (m.) de Suzette.* _____ appartement

B. The second source of error when using the possessive adjectives occurs when expressing *their:* **leur copain, leurs parents. Leur, leurs** should not be confused with **son, sa, ses.**

Exercice F. Lisez le paragraphe suivant, puis ajoutez les formes correctes de l'adjectif possessif—*son/sa/ses* ou *leur/leurs*.

Au début de la journée du 10 mai les ouvriers commencent (1) _____ grève. Ils

prétendent que (2) _____ conditions de travail sont dangereuses, (3) _____ salaire trop

bas, (4) _____ heures de travail trop longues. Un des syndicalistes parle de (5) _____

famille, des soins médicaux qu'il ne peut pas offir à (6) _____ enfants, faute d'assurance.

Effectivement, c'est lui qui, quelques jours plus tard, sera blessé par la police. (7) _____

femme est venue le voir à l'hôpital, mais le médecin a interdit l'entrée de (8) _____

chambre.

LESSON EIGHTEEN
POETES DE LA NEGRITUDE

REVISION

—COMMENT RACONTER AU PASSE AVEC L'IMPARFAIT ET LE PASSE
COMPOSE
—LE SUBJONCTIF : EMPLOIE-T-ON LA PROPOSITION SUBORDONNEE
OU L'INFINITIF ?
—COMMENT RACONTER AU FUTUR

I. L'IMPARFAIT ET LE PASSE COMPOSE

David Diop, in "Celui qui a tout perdu," uses both the **imparfait** and the **passé composé**. The verbs in the imperfect of the first part of the poem describe how things used to be. In the second part suddenly everything changes. The new wipes out the old. Actions are complete now, and tenses are the formal historic **passé simple** and the more familiar **passé composé** where we see how the narrator's customs and culture have changed. The following exercise asks you to make the same distinctions between the **passé composé** and the **imparfait.**

Exercice A. Dans les passages suivants, choisissez entre l'imparfait et le passé composé, selon le contexte. Ecrivez la forme correcte du verbe.

1. Quand j'(avoir) (a) _____ douze ans, je (nager) (b) _____ nu tous les jours

   et je (courir) (c) _____ avec mes amis. Mon père, lui, (jouer) (d) _____

   du tam-tam. On (travailler) (e) _____ ensemble dans les champs pour

   avoir à manger. C'(être) (f) _____ une vie douce et agréable.

   Soudain, la vie (changer) (g) _____ . Les coloniaux (arriver)

   (h) _____ dans notre village. Le soleil (sembler)

   (i) _____ s'assombrir, et la voix de mon père (s'éteindre)

   (j) _____ . Je (se sentir) (k) _____ esclave, et les tam-tams (per-

   dre) (l) _____ leur rythme africain.

2. Moi et mes amis, nous (nager) (a) _____ tous les jours. Puisqu'il y

(avoir) (b) _____ des crocodiles dans le fleuve, c'(être)

(c) _____ assez dangereux. Un jour, un crocodile m' (attaquer)

(d) _____. Quand je l'(voir) (e) _____ dans l'eau près de moi

j'(avoir) (f) _____ très peur. Je (nager) (g) _____ frénétiquement vers

le bord, le crocodile derrière moi. Mais il (avoir) (h) _____ beau me chasser,

je (arriver) (i) _____ au bord. Comme je (être) (j) _____ con-

tent, après, en racontant cette aventure à papa !

II. LE SUBJONCTIF OU L'INFINITIF ?

Lesson 23 reviews formation of the subjunctive and its basic uses. Now you will see that, rather than a subjunctive in the subordinate clause, an infinitive follows the verb in the main clause. Compare the following sets of sentences and see if you can figure out why one set uses the subjunctive in the subordinate clause, the other, an infinitive.

Je veux lire cette leçon.
Je veux que tu lises cette leçon.
Veux-tu me l'expliquer ?
Veux-tu que nous l'expliquions ?
Elle ne croit pas le connaître.
Elle ne croit pas que vous les connaissiez.

You found the correct answer if you recognized that in some sentences the main verb and the infinitive have the same subject: **Je veux lire cette leçon.** In others, the main clause and the subordinate clause have different subjects: *Je veux que tu lises cette leçon.* The subjunctive is used where there are two different subjects.

Exercice B. Complétez les phrases suivantes avec la forme correcte du verbe. Dans la nouvelle version de la phrase vous aurez deux sujets différents. (*When completing this exercise, remember that the subjunctive is used if there is emotion, doubt, necessity, etc., in the main clause. If not, the indicative is used in the subordinate clause.*)

1. Nous sommes sûrs de finir à l'heure.

   Nous sommes sûrs que vous _____

2. Je crois me tromper.

Je crois que nous _____

3. Il faut faire la sieste maintenant.

   Il faut que tu _____

4. Le père travaille pour avoir à manger.

   Le père travaille pour que la famille _____

5. Voulez-vous que j'aille pieds-nus ?

   Et vous, voulez-vous _____

6. As-tu peur de tomber ?

   As-tu peur que nous _____

7. Je ne veux pas que tu deviennes un monsieur de la ville.

   Moi non plus, je ne veux pas _____

8. Nous préférons flâner le long des sentiers.

   Nous préférons que les touristes _____

9. Je travaillerai jusqu'à votre arrivée.

   Je travaillerai jusqu'à ce que vous _____

10. Elles sont contentes que nous restions ici ce soir.

    Elles aussi, elles sont contentes de _____

III. LE FUTUR

Review the future verb forms in Lesson 12. The future is generally used as we use it in English, but there are differences. Unlike English, after **quand, aussitôt que, lorsque,** and **dès que,** French uses the future if the verb in the main clause is also in the future:

English: *When you are ready, we'll go out.*

French: **Quand tu seras prêt, nous sortirons.**

English: *We will all go out to meet her when she comes.*

French: **Nous irons tous à sa rencontre quand elle arrivera.**

Exercice C. Complétez les phrases suivantes avec les verbes entre parenthèses.

1. Dès que la petite (pleurer) _____ vous lui donnerez le biberon (*bottle*).

2. Est-ce que je vous verrai quand vous (être) _____ dans le quartier ?

3. Nous finirons le match quand il (cesser) _____ de pleuvoir.

4. Joseph ! quand (se lever) _____-tu ?

5. Ce chapeau te fera faraud quand tu (descendre) _____ au bourg.

6. Quand tu (voter) _____ demain, te souviendras-tu de moi ?

7. Je te donnerai deux dollars aussitôt que tu (se mettre) _____ à faire la vaisselle.

8. Quand les esclaves (se révolter) _____ , il y aura une révolution.

ATTENTION:
The future and the si clause: In a sentence like "If it rains, we'll stay home," the present is used after *if* and the future is used in the clause, in French as in English:

S'il pleut nous resterons chez nous.

Exercice D. Complétez les phrases suivantes avec la forme correcte du verbe.

1. Si tu es bon chrétien, je te (sauver) _____ de l'enfer.

2. Si je te prête quelques sous, tu (venir) _____ me les rendre, n'est-ce pas ?

3. Il te fera faraud si tu (porter) _____ ce chapeau.

4. Si tu te lèves de bonne heure, que (faire) _____-tu ?

5. Si le rhum (être) _____ bon, on ne sera pas ingrat.

6. Si on vote pour le député, on (avoir) _____ une pièce de cinq francs.

Exercice E. Répondez à ces questions par des phrases convenables.

1. Combien d'enfants aurez-vous en l'an 2010 ?

_____

2. Dans quelle ville (ou quel pays) habiterez-vous dans cinq ans ?

_____

 Lesson 18

3. Irez-vous au Canada cet été ou l'été prochain ?

_____

4. Combien de diplômes aurez-vous à la fin de vos études ?

_____

5. Quelle voiture conduirez-vous en l'an 2010 ?

_____

6. Parlerez-vous couramment français après ce cours ?

_____

LESSON NINETEEN
POUR EMPECHER UN MARIAGE

REVISION
—COMMENT S'EXPRIMER AVEC LES VERBES PRONOMINAUX
—DEPUIS + L'IMPARFAIT
—LES PRONOMS RELATIFS INDEFINIS *CE QUI, CE QUE, CE DONT*

I. LES VERBES PRONOMINAUX

Their Function

A pronominal verb always includes a "reflexive" pronoun which repeats the subject. In French there are three types of pronominal verbs: *reflexive verbs*, *reciprocal verbs*, and *verbs with an idiomatic meaning or passive meaning.*

1. *Reflexive verbs:* When a pronominal verb is used in the reflexive sense, the action of the verb reflects back on the subject:

   Je me réveille. *I wake up. (rouse myself)*
   Je me lave. *I wash. (myself)*

2. *Reciprocal verbs:* The subject of a reciprocal verb is always plural because the action performed involves two or more subjects:

   La mère et sa fille se parlent.
   The mother and daughter talk to each other.
   Elles s'aiment beaucoup mais elles ne se comprennent pas toujours.
   They love each other very much but they don't always understand each other.

3. *Verbs with idiomatic meanings or a passive meaning:* The third group of pronominal verbs involves neither a reflexive nor a reciprocal action.

   Je me souviens très bien de cette date.
   I remember this date very well.
   Le melon se vend à 5 francs le kilo.
   The melon is sold for 5 francs a kilo.
   Cela ne se dit pas en français.
   That isn't said in French.

Forms of the Pronominal Verbs

1. **Present:** In the present tense a pronominal verb follows the normal pattern for conjugating that verb *with the addition of the reflexive pronoun:*

je *m'*ennuie	nous *nous* ennuyons
tu *t'*ennuies	vous *vous* ennuyez
il/elle/on *s'*ennuie	ils/elles *s'*ennuient

Remember that the reflexive pronoun precedes the verb and must agree with the subject of the verb, *even when used with an infinitive:*

Je vais *me marier* demain.

2. **Passé composé:** To conjugate a pronominal verb in a compound tense, use **être** as the auxiliary verb:

Je me *suis* assis(e).

Agreement of the past participle of pronominal verbs poses a special problem. Even though these verbs are conjugated with **être**, the past participle does not automatically agree with the subject. The past participle agrees with the preceding reflexive or reciprocal pronoun if that pronoun is a *direct object:*

Elle s'est levée.
She got (herself) up.
Elles ne se sont pas comprises.
They didn't understand each other.

However, if the reflexive or reciprocal pronoun is an *indirect object*, there is no agreement:

Nous ne nous sommes pas lavé les mains.
We didn't wash our hands. (**Les mains** is the direct object. Since it follows the verb, there is no agreement.)
La mère s'est parlé doucement.
*The mother talked softly **to** herself.*

In the affirmative imperative the reflexive pronoun follows the verb (**me** and **te** become **moi** and **toi**); but in the negative imperative, the reflexive pronoun precedes the verb:

Lève-toi. Donne-le-moi.   *Get up! Give it to me.*
Eh bien, ne te lève pas.   *Well then, don't get up.*
Ne me le donne pas.   *Don't give it to me.*

Exercice A. Formez une phrase en utilisant les éléments indiqués. N'oubliez pas de faire tous les changements nécessaires.

> **Modèle :**   (futur)   je / se marier / la semaine prochaine
>
> *Je me marierai la semaine prochaine.*

1. (présent)   je / se rappeler / toujours / le voyage en Saskatchewan _____

_____

2. (passé composé)   ma mère et moi / se lever / de bonne heure / le matin de notre

   départ _____

_____

3. (imparfait)   nous / aller / se mettre en route / vers huit heures _____

_____

4. (imparfait / passé composé)   nous / se parler / quand / tout à coup / le train / s'arrêter

_____

_____

5. (présent / passé composé)   si / je / ne pas se tromper / le voyage / se passer

   bien / malgré quelques inconvénients _____

_____

_____

_____

6. (passé composé)   je / s'amuser / bien _____

_____

7. (présent)   ma sœur et mon beau-frère / se comprendre / bien _____

_____

_____

8. (présent / futur)   je / savoir / ils / s'aimer / toujours _____

_____

Exercice B. Donnez des ordres ou faites des suggestions aux personnes indiquées. Attention à la place du pronom réfléchi.

1. se coucher (votre enfant)

   _____

2. s'amuser (vous et vos amis)

   _____

3. ne pas se dépêcher (vos grands-parents)

   _____

4. se reposer (votre meilleur[e] ami[e])

   _____

5. ne pas se lever avant neuf heures (votre camarade de chambre)

   _____

6. se brosser les dents (votre petit frère)

   _____

7. ne pas s'inquiéter (vos camarades de classe)

   _____

8. se promener à la plage (vous et vos amis)

   _____

Exercice C. Préparez huit questions à poser à un(e) camarade de classe au sujet de ses activités quotidiennes (de tous les jours) en utilisant quelques-uns des verbes ci-dessous.

s'amuser	se brosser
se coucher	se couper
se dépêcher	s'endormir
se fâcher	s'intéresser (à)
se laver	se lever
se marier	se rappeler
se réveiller	se sentir

_____

_____

_____

_____

_____

_____

_____

_____

_____

Exercice D. Vous êtes le fils ou la fille qui explique à vos parents pourquoi vous voulez vous marier avant de terminer vos études universitaires. Ecrivez vos raisons en utilisant quelques-uns des verbes suivants; vous pouvez sans doute penser à d'autres verbes appropriés : *s'aimer, s'amuser, s'appeler, s'entendre (to get along with someone), se marier, se plaire, se quitter, se rappeler, se rencontrer, se rendre compte.*

_____

_____

_____

_____

_____

_____

_____

_____

_____

_____

II. *DEPUIS* + L'IMPARFAIT

Choosing the correct tense to express an action or situation that is ongoing in time differs from English to French. The word **depuis** + a time expression + a verb in the present tense (i.e., Lesson 9) means that the action or situation began in the past but *is continuing in the present:*

> **Je suis chez Georgianna depuis une semaine.**
> *I've been at Georgianna's for a week.*

The use of the present shows that the speaker is still there.

Changing the verb to the imperfect tense indicates that the action or situation began in the past and was still going on when another action occurred:

> **J'étais chez Georgianna depuis une semaine quand papa est arrivé.**
> *I had been at Georgianna's for a week when Papa arrived.*

> **EXCEPTION:**
> If the verb is negative, verb tenses follow the English pattern:
>
> **Je n'ai pas vu Georgianna depuis deux ans.**
> *I haven't seen Georgianna for two years.*
> **Papa n'avait pas vu Georgianna depuis deux ans.**
> *Papa hadn't seen Georgianna for two years.*

Synonyms for *Depuis*

Other expressions which can be used with this type of construction relating to a time span are:

il y a... que   **Il y a deux jours que j'attends son arrivée.** *I've been awaiting his arrival for two days (and am still waiting).*

voilà... que   **Voilà deux heures que j'attendais son arrivée.** *I had been awaiting his arrival for two hours (and was still waiting).*

ça fait... que   **Ça fait deux ans que j'attends papa.** *I have been waiting for Papa for two years.*

> **NOTE**
> 1. **ça fait... que** and **il y a... que** change to the imperfect tense when used in a past context:
>
> **Ça faisait deux ans que j'attendais papa.**
> **Il y avait deux ans que j'attendais papa.**

2. When **il y a** is used with a time expression and the **passé composé,** it means "ago." (**Que** will not be used with **il y a** in this type of sentence.):

J'ai visité Saskatchewan il y a cinq ans.

I visited Saskatchewan five years ago.

Exercice E. Mettez les verbes entre parenthèses au temps correct. Attention: lisez toute la phrase avant de choisir le temps verbal.

1. J'ai demandé à Maman pourquoi les Doukhobors (résister) _____ au gouvernement depuis si longtemps.

2. Je (dormir) _____ depuis quelques heures lorsque le train a dû s'arrêter devant le pont brûlé.

3. Maman et Georgianna (se parler) _____ depuis quelques moments seulement quand je me suis levée.

4. Ça faisait trois jours que Maman (essayer) _____ de persuader Georgianna que le mariage serait une mauvaise idée.

5. Nous (arriver) _____ chez Georgianna il y a trois jours.

6. Il y avait sept mois que Georgianna (connaître) _____ son fiancé.

7. Voilà une demi-heure que je (écouter) _____ leur conversation quand maman et ma sœur se sont rendu compte de ma présence.

8. Georgianna (terminer) _____ ses études il y a deux ans.

Exercice F. Traduisez les phrases suivantes en français. N'oubliez pas d'utiliser une grande variété d'expressions (i.e., *depuis* et ses synomynes) pour exprimer *for*. Attention au temps des verbes.

1. I had been looking at the countryside for hours when the moon rose.

_____

_____

2. The Doukhobors burned the bridge two days ago.

_____

_____

3. The young people had been dancing the tango for a long time when I fell asleep.

_____

_____

4. We have been waiting for the next train for three hours.

_____

_____

5. I haven't talked to my sister for two weeks.

_____

_____

6. She met the young man seven months ago.

_____

_____

_____

7. My parents had been discussing the situation for days when they decided I would accompany Mama.

_____

_____

_____

8. Georgianna and Jacques got married 25 years ago.

_____

_____

III. LES PRONOMS RELATIFS INDEFINIS *CE QUI, CE QUE, CE DONT*

Unlike the relative pronouns **qui** and **que** which refer back to specific words, the relative pronouns **ce qui, ce que,** and **ce dont** are used when there is no definite antecedent. **Ce qui** serves as the subject of the relative clause; **ce que** is the direct object of the relative clause; **ce dont** is the object of the preposition **de.** (If you need to review how to use the relative pronouns, see Lesson 4 and Lesson 7.)

Study the following sentences which use both the definite and indefinite relative pronouns **qui, que** and **ce qui, ce que,** and **ce dont:**

> **Voilà** *le pont* **qui a brûlé.** (qui refers back to **le pont.**)
> *Le tango* **qu'ils dansaient choquait les vieux.** (que refers back to **le tango.**)
> **Je t'expliquerai** *ce qui* **est arrivé.** (ce qui has no antecedent.)
> **Dites-moi** *ce que* **tu penses du film.** (ce que has no antecedent.)
> **Il faut dire** *ce dont* **vous avez peur.** (ce dont has no antecedent.)

In Roy's short story you will find the following sentences:

> « **Elle devait préparer ce qu'elle dirait à ma grande sœur Georgianna.** »
> *(She was probably preparing what she would say to my big sister.)*

> « **Je ne sais pas ce qui a causé le problème avec le pont.** »
> *(I don't know what caused the problem with the bridge.)*

Exercice G. Complétez les phrases suivantes avec *ce qui, ce que* ou *ce dont.*

1. Je ne sais pas _____ se passe.

2. Je ne comprends pas _____ mon père dit.

3. _____ vous faites, ça ne se fait pas ici.

4. Nous ne comprenons pas _____ vous avez besoin.

5. Maman a répété avec étonnement _____ Georgianna venait de dire.

6. _____ est important pour moi, ce n'est pas l'argent.

7. Ils vont faire _____ leur plaît.

8. C'est dommage que tu ne te rappelles pas _____ ton fiancé a suggéré.

Exercice H. Complétez les phrases suivantes d'une façon qui exprime votre propre opinion.

1. Ce qui est important pour moi dans un mariage, c'est _____

   _____

2. Ce que je voudrais faire après avoir terminé mes études, c'est _____

   _____

3. Ma mère me dit souvent ce que _____

_____

4. Je sais ce qui _____

_____

5. Ce qui m'intéresse, c'est _____

_____

6. Ce dont je me souviens surtout de mon enfance, c'est _____

_____

7. Je me demande ce que _____

_____

8. Ce que les Doukhobors ont fait _____

_____

9. Nous nous rappelons ce que _____

_____

10. Ce dont nous avons besoin en ce moment, c'est _____

_____

 Lesson 19

LESSON TWENTY

LA DERNIERE CLASSE

REVISION

—COMMENT GENERALISER AU MOYEN DE *TOUT* (ADJECTIF, ADVERBE, PRONOM) ET LES EXPRESSIONS *TOUS ENSEMBLE, TOUS LES DEUX, TOUT LE MONDE*

AU MOYEN DE *QUELQUE(S)* ET LES EXPRESSIONS *QUELQUE CHOSE DE* + ADJECTIF, *QUELQU'UN DE* + ADJECTIF, *RIEN DE* + ADJECTIF, *PERSONNE DE* + ADJECTIF

—ADVERBES DE TEMPS ET DE MANIERE

LES ADVERBES DE TEMPS : *DEJA, ENCORE, A PRESENT, TOUJOURS, SOUVENT, TOUT DE SUITE, TOUT A L'HEURE, TOUS LES JOURS*

LES ADVERBES DE MANIERE : *A PEINE, DOUCEMENT, ASSEZ, D'AILLEURS, DU RESTE, DE NOUVEAU*

I. COMMENT GENERALISER AVEC *TOUT* COMME ADJECTIF, ADVERBE, PRONOM

1. Used as an *adjective*, **tout** precedes the noun it modifies and agrees with it in gender and in number: **tout** (masculine, singular), **toute** (feminine, singular), **tous** (masculine, plural), **toutes** (feminine, plural). The meaning of the adjective changes with the addition or omission of the article.

   Tout élève aime les vacances.   *Every student likes vacation.*

   Toute la classe attend les grandes vacances avec impatience.   *The whole class is waiting impatiently for summer vacation.*

   Tous les professeurs attendent la fin de l'année scolaire.   *All the profs are waiting for the end of the school year.*

   Toutes les notes dans cette classe sont bonnes !   *All the grades in this class are good!*

2. When **tout** is used as an *adverb*, it modifies an adjective or another adverb and means *quite* or *all*. It also can replace **très** (*very*). As an adverb, **tout** is invariable, except when it precedes a *feminine adjective beginning with a consonant sound*; then it must agree with the adjective:

   Des pigeons roucoulaient tout bas.
   Pigeons were cooing very quietly.

Elle est toute contente, tout innocente.

She is very happy, very innocent.

3. The *pronoun* **tout** means *everything;* **tous/toutes** used as a pronoun means *all* or *everybody.* When **tous** is used as a pronoun, the **s** is pronounced.

Tout va bien.   *Everything is fine.*

Ils sont venus tous.   *They all came.*

Special Cases: **tous ensemble**   *together* (pronounced [tus])
tous les deux   *both*
tout le monde   *everyone* (+ singular verb)

Les petits chantèrent tous ensemble.

The little ones sang all together.

Tous les deux ont refusé de parler allemand.

Both of them refused to speak German.

Tout le monde était là.

Everybody was there.

Exercice A. Il est presque impossible de comprendre le paragraphe que le professeur a écrit au tableau parce qu'on a effacé quelques mots. Reconstituez ce paragraphe en ajoutant la forme correcte de *tout.*

Ce jour-là _____ la classe est arrivée. _____ les grands ont aidé les

petits à faire leurs devoirs. On voulait se dépêcher pour finir _____ le travail

bien vite. _____ leurs leçons étaient si difficiles. Enfin l'heure a sonné. Les

grandes vacances allaient commencer. On pourrait jouer _____ l'été.

Exercice B. Commentez les phrases suivantes en ajoutant *tout* à l'adjectif ou à l'adverbe employé.

Modèle :   Que les arbres sont *verts* maintenant !

*Mais oui, ils sont **tout** verts; c'est le printemps.*

1. En passant devant la salle de classe on a vu que ces élèves étaient *seuls.*

_____

2. La directrice de l'école est *étonnée* d'apprendre cette nouvelle.

_____

3. Après avoir cherché longtemps le professeur, elle l'a trouvé, *fatigué*, assis au café d'à côté.

_____

4. Il dit que les élèves étaient *bruyants* aujourd'hui.

_____

5. La directrice a répondu que le professeur ne peut pas se reposer *doucement* comme ça, sur la terrasse d'un café.

_____

Exercice C. Complétez la phrase avec la forme convenable du pronom *tout*.

1. As-tu _____ étudié ?

2. Les autres ont étudié _____ ensemble.

3. Maintenant ils savent _____.

4. Et les filles? Oui, _____ ont fait leurs devoirs.

Exercice D. Donnez l'équivalent français des phrases suivantes.

1. Everybody likes those two teachers. _____

_____

2. Both are interesting and explain the lessons well. _____

_____

3. The whole class is intelligent. _____

_____

4. All the students understand everything. _____

_____

5. They all live together in an old house. _____

_____

II. COMMENT GENERALISER AVEC LES ADJECTIFS ET LES PRONOMS INDEFINIS

Quelque(s) is an indefinite adjective meaning *some* or *a few* and referring to an indefinite number of persons or things.

> **Quelques vieux du village ont assisté à la dernière classe.**
> *Some of the village elders attended the final class.*

Indefinite pronouns are also useful for generalizing. The affirmative indefinite pronouns are **quelqu'un** (*someone*) and **quelque chose** (*something*). Their negative equivalents are **personne** (*no one*) and **rien** (*nothing*). Adjectives modifying these pronouns are always in the masculine singular form and attached to the pronouns by the preposition **de**:

> **Il y a quelqu'un à la porte de la salle de classe.**
> *There's someone at the classroom door.*

> **Quelqu'un d'intéressant nous a parlé aujourd'hui.**
> *Somebody interesting talked to us today.*

> **Le maître voit quelque chose par terre.**
> *The teacher sees something on the ground.*

> **« Du reste, toute la classe avait quelque chose d'extraordinaire et de solonnel. »**
> *Moreover, the entire class had something out of the ordinary and serious about it.*

> **Personne n'est arrivé à l'heure.**
> *No one arrived on time.*

> **Je n'ai parlé à personne d'intelligent dans ce village.**
> *I spoke to no one (who was) intelligent in this town.*

> **Il n'y a rien par terre.**
> *There's nothing on the ground.*

> **Nous ne faisons rien d'amusant en classe.**
> *We don't do anything fun in class.*

Exercice E. Répondez aux questions suivantes *du point de vue de Hans* en utilisant les adjectifs donnés et un pronom indéfini approprié.

> **Modèle :** Que voulez-vous faire après l'école ? (intéressant)
>
> *Je veux faire quelque chose d'intéressant.*

1. Quelle sorte de personne préférez-vous comme maître de classe ? (sympathique)

_____

2. Qu'est-ce qui s'est passé hier pendant la classe de français ? (différent)

_____

3. Avez-vous vu des gens intéressants dans la cour de l'école ?

(non / personne / intéressant) _____

_____

4. Qu'est-ce que tu as fait pendant les grandes vacances ? (extraordinaire)

_____

Exercice F. Répondez aux questions suivantes en utilisant *quelque chose, quelqu'un, rien* ou *personne* et un adjectif.

     Modèle :   Qui a téléphoné hier ?

                  Quelqu'un de mystérieux qui a refusé de me donner son nom.

1. Qu'est-ce que vous avez vu hier en route vers l'école ?

_____

2. Avec quelle sorte de personne préférez-vous travailler quand il s'agit d'un projet de

classe ? _____

_____

3. Quand est-ce que vous vous ennuyez pendant la classe ?

_____

4. Quelle sorte de personne réussira dans un cours de langue étrangère ? _____

_____

III. COMMENT GENERALISER AVEC DES ADVERBES DE TEMPS ET DE MANIERE

Certain adverbs situate the sentence in time or indicate a repeated action over time (**les adverbes de temps**). Some common ones follow:

toujours	*always*	**Je fais *toujours* mes devoirs.** *I always do my homework.*

déjà	already	**J'ai *déjà* fini mes devoirs.** *I've already done my homework.*
souvent	*often*	**J'ai *souvent* des devoirs à faire.** *I often have homework to do.*
encore	*still, yet*	**Il me reste *encore* des verbes à apprendre.** *I still have some verbs left to learn.*
à présent	*now*	**Mes livres me semblaient *à present* de vieux amis.** *My books seemed like old friends to me now.*
tout de suite	*immediately, right away*	**J'arrive *tout de suite*.** *I'll be right there.*
tout à l'heure	*soon, in a minute, a while ago*	**Le prof arrivera *tout à l'heure*.** *The prof will be here in a minute.*
tous les jours	*everyday*	**On va à l'école *tous les jours*.** *We go to school every day.*

Other adverbs describe how an action is carried out (**les adverbes de manière**):

vite	*quickly*	**« Je courus bien *vite* vers l'école »**. *I ran very quickly toward school.*
à peine	*scarcely*	**« Et moi qui savais *à peine* écrire »** ! *And I who scarcely knew how to write.*
doucement	*gently*	**Le maître m'a parlé très *doucement*.** *The teacher spoke to me very gently.*
assez	*rather*	**Je suis arrivé *assez* tôt à l'école.** *I arrived rather early at school.*
du reste	*besides*	***Du reste*, il faut bien étudier pour comprendre un accent allemand.** *Besides, you have to study hard to understand a German accent.*
de nouveau	*again*	**Le maître explique *de nouveau* comment former le subjonctif.** *The teacher is explaining again how to form the subjunctive.*
d'ailleurs	*moreover*	***D'ailleurs*, les Prussiens exigent que tout le monde parle allemand.** *Moreover, the Prussians are requiring everyone to speak German.*

Exercice G. Pour vous aider à apprendre ces adverbes si utiles, choisissez le mot anglais qui correspond au mot français souligné.

1. Après l'école les élèves se parlent <u>souvent</u> dans la cour.

   a) now   b) in a minute   c) often

2. J'ai à sortir, mais je reviens <u>tout de suite</u>.

   a) always   b) right away   c) already

3. C'est la même chose <u>tous les jours</u>. On répète la conjugaison du verbe « être ».

   a) still   b) every day   c) now

4. <u>D'ailleurs</u> le maître parle trop doucement quand il explique la leçon.

   a) moreover   b) already   c) always

5. <u>Du reste</u>, tous les villageois avaient l'air si grave.

   a) still   b) besides   c) now

6. Il court <u>vite</u> en traversant la place.

   a) rather   b) gently   c) quickly

7. <u>A peine</u> entré, j'ai vu le maire au dernier rang.

   a) gently   b) besides   c) scarcely

8. Les Allemands étaient <u>de nouveau</u> dans le pré.

   a) again   b) still   c) right away

9. <u>A présent</u> nous cherchons les nouvelles devant la mairie.

   a) besides   b) again   c) now

10. M. Hamel a <u>déjà</u> reçu la lettre de Berlin.

    a) already   b) soon   c) scarcely

Exercice H. Pour chaque phrase dans le paragraphe qui suit, on suggère deux adverbes. Choisissez celui qui convient le mieux et complétez la phrase.

(De nouveau/A présent) _____ il faut que nous étudiions tous l'allemand.

Nous répétons notre leçon (à peine/tous les jours) _____ , mais nous comprenons (à peine/du reste) _____ cette nouvelle langue. (Du

reste/Tout de suite) _____ je viens d'apprendre que M. Hamel sera

(d'ailleurs/de nouveau) _____ dans la ville, cette fois en spectateur.

Exercice I. Dans un paragraphe de huit phrases, parlez d'une journée typique à l'école.
Utilisez au moins cinq adverbes pour généraliser vos activités.

_____

_____

_____

_____

_____

_____

_____

_____

_____

_____

_____

_____

_____

LESSON TWENTY-ONE
JOUONS AU TAS

REVISION

—COMMENT INTERROGER AVEC
    LES PRONOMS INTERROGATIFS *QUI ET QUOI* *(SEE LESSON 14 AND LESSON 22 FOR OTHER INTERROGATIVE PRONOUNS.)*
    LES ADVERBES INTERROGATIFS *QUAND, OU, COMMENT, POURQUOI, COMBIEN DE*

—COMMENT EXPRIMER LES PARTIES DU CORPS
    AVEC L'ARTICLE DEFINI
    AVEC L'ADJECTIF POSSESSIF

I. COMMENT INTERROGER

1. **Qui** is the interrogative pronoun used when one is asking questions about people. When **qui** is the *subject of a question*, the verb follows directly and will be in the third-person singular form even if the answer to the question requires a verb in the plural.

    Qui est cette fille là-bas ? C'est Lætitia.
    Qui est coupable du crime ? Les anarchistes en sont responsables.

    (**Qui est-ce qui** is a long form seen less frequently : **Qui est-ce qui est cette fille là-bas ? Qui est-ce qui est coupable du crime ?**)

2. When **qui** is the *direct object of the question* or used *with a preposition*, either **est-ce que** or inversion of the subject and verb must follow **qui:**

    Qui est-ce que tu as vu au cinéma ? (with **est-ce que**)
    Qui as-tu vu au cinéma ? (with inversion)
    Avec qui est-ce que tu jouais aux cartes ? (with **est-ce que**)
    Avec qui jouais-tu aux cartes ? (with inversion)

3. The interrogative pronoun **quoi** is used with a preposition when one is talking about things. It too will be followed by **est-ce que** or an inverted subject and verb:

    De quoi est-ce que Lætitia a besoin ?
    De quoi Lætitia a-t-elle besoin ?

NOTE:

In colloquial speech **C'est quoi** may replace **qu'est-ce que c'est que** when asking for a definition: **C'est quoi jouer au tas ?**

Exercice A. Vous n'êtes pas certain(e) d'avoir bien entendu ce que l'on vous dit. Posez des questions à cette personne qui ne parle pas très distinctement. Utilisez **qui** ou **quoi** selon les mots soulignés. N'oubliez pas—si vous parlez des personnes, employez **qui,** des choses, **quoi.**

Modèle : <u>Ma mère</u> me parle.

Qui vous parle ?

1. <u>Les filles et les garçons</u> jouent ensemble pendant la récréation. _____

   _____

2. Les professeurs parlent des <u>problèmes de discipline.</u> _____

   _____

3. Jacques joue au ping-pong avec <u>Jeanne-Marie.</u> _____

   _____

4. La mère coupe les ongles de sa fille avec <u>une paire de ciseaux.</u> _____

   _____

5. Ils ont vu <u>leur professeur</u> au café. _____

   _____

6. <u>La grand-mère</u> fait un petit chaperon rouge pour Lætitia. _____

   _____

7. Tous les jeunes enfants aimaient jouer au <u>tas.</u> _____

   _____

8. Lætitia cherchait <u>sa mère.</u> _____

   _____

9. Les ciseaux servent à <u>couper les ongles.</u> _____

   _____

 Lesson 21

Exercice B. Vous venez d'apprendre qu'il y aura une réunion du votre groupe local du Mouvement de libération des femmes (MLF). Posez des questions à votre interlocuteur en employant surtout **qui** et **quoi.** *Vocabulaire utile : assister à, participer à, parler de, discuter, arriver avec qqn, s'inquiéter de, s'occuper de, se tromper de.*

_____

_____

_____

_____

_____

_____

_____

4. When one is seeking information, interrogative adverbs of time, place, manner, cause, and quantity are very useful. In conversational French, the word order is usually:

| interrogative adverb | + | *est-ce que* or inversion of subject and verb | + | remainder of sentence |

Quand est-ce que vous partez pour Lille ?

Où ta famille passe-t-elle l'été ?

Comment est-ce qu'on joue au Scrabble ?

Pourquoi ces femmes ne reçoivent-elles pas le même salaire ?

Combien de temps est-ce qu'il faut attendre le train ?

With short sentences introduced by the interrogative adverbs, however, a noun subject can be inverted directly:

Où vont les enfants ?

Quand se ferme le restaurant ?

Combien coûtent ces ciseaux ?

Comment va ta mère ?

Exercice C. Quelle est la question ? Vous êtes journaliste et vous cherchez des renseignements au sujet d'une visite imminente de Monsieur l'ambassadeur qui arrive de Martinique. Quelle question avez-vous posée qui évoque la réponse donnée ? Employez les adverbes interrogatifs dans vos questions.

1. Question: _____

Madame l'ambassadrice arrive à l'aéroport Le Bourget.

2. Question: _____

_____

Elle arrive vers deux heures de l'après-midi.

3. Question: _____

Il y a une vingtaine de personnes dans son entourage.

4. Question: _____

On la fêtera avec un vin d'honneur où la presse française sera présente, puis il y aura un banquet.

5. Question: _____

Le vol dure deux heures et demie.

6. Question: _____

_____

L'avion atterrit à Bruxelles avant d'arriver à Paris.

7. Question: _____

_____

Le premier ministre prononcera son discours à la fin du banquet.

8. Question: _____

_____

On essaie de résoudre les problèmes posés par les nouveaux états indépendants de l'ancienne URSS.

Exercice D. Jouez le rôle de la mère et posez des questions à votre fille au sujet des jeux qu'elle joue avec ses petits camarades. Utilisez les interrogatifs *où, quand, pourquoi, comment, combien de. Vocabulaire utile : la récréation, la cour de récréation, jouer à, le cache-cache, les billes (marbles), le tas.*

_____

_____

_____

_____

_____

_____

_____

_____

Exercice E. Vous parlez à un(e) ami(e) au téléphone. Vous comprenez que votre ami(e) a des idées intéressantes sur les rôles masculins/féminins que les enfants apprennent à l'école, et vous voulez les connaître. Posez-lui plusieurs questions en employant *qui* et *quoi* et *les adverbes interrogatifs. Vocabulaire utile : jouer à un jeu, jouer avec un jouet* (toy), *une poupée* (doll), *soldat, cow-boy, infirmière, mère, etc.*

_____

_____

_____

_____

_____

_____

_____

_____

II. COMMENT EXPRIMER LES PARTIES DU CORPS

In French the *definite article* is used much more often with parts of the body than the possessive adjective, unless there is the possibility of confusion. The occasions you will use the definite article follow.

1. With the verb **avoir:**

        Elle a les yeux verts.

2. With a reflexive verb (the reflexive pronoun emphasizes that the subject "possesses" the part mentioned):

> **Je me brosse les dents deux fois par jour.**
> **Il s'est cassé le bras gauche.**

3. When a part of the body follows a verb expressing an action and an indirect object accompanies this verb:

> **Elle me lave les cheveux.**
> **Je vais te couper les ongles.**

4. Use the *possessive adjective* only if there is an action verb which requires it for clarity or if there is an adjective other than **droite** or **gauche** modifying the part of the body:

> **Lætitia a regardé ses ongles. Puis elle a levé ses grands yeux bleus.**

Exercice F. Complétez les phrases en ajoutant l'article défini ou l'adjectif possessif, selon le cas.

> **Modèle :** Elle lève (main gauche).
>
> *Elle lève la main gauche.*

1. Lætitia se coupe (ongles).

_____

_____

2. Ces enfants ont (cheveux roux).

_____

_____

3. Mon camarade de chambre lave (mains couvertes d'encre).

_____

_____

4. Ils ont baissé (yeux).

_____

_____

5. Le sculpteur leur montrera (mains).

_____

_____

6. Mon petit ami s'est cassé (jambe).

_____

_____

Exercice G. Répondez aux questions suivantes en utilisant les mots suggérés. Faites attention à l'emploi de l'article défini ou de l'adjectif possessif.

1. Est-ce que cette femme parle beaucoup ? (ne jamais ouvrir / bouche) _____

_____

2. Qu'est-ce que vous allez faire ce soir ? (se laver / cheveux) _____

_____

3. Est-ce que la petite Lætitia peut se couper les ongles toute seule ?

(non / sa mère / couper / ongles) _____

_____

_____

4. Quel conseil est-ce que votre dentiste vous donne ? (se brosser / dents / trois fois

par jour) _____

_____

_____

5. Voulez-vous me montrer vos ongles ? (non / avoir / ongles / cassés)

_____

6. Que faites-vous chez le dentiste ? (ouvrir / bien grand / bouche) _____

_____

7. Qu'est-ce que le champion a fait à la fin du match ? (lever / main droite / en signe de victoire) _____

_____

8. Qu'est-ce que le loup fait en voyant le petit chaperon rouge ? (se lécher [lick] / lèvres) _____

_____

 Lesson 21

LESSON TWENTY-TWO

LA GENERATION COCON

REVISION

—COMMENT DECRIRE AVEC :
  DES ADJECTIFS REGULIERS ET IRREGULIERS
  DES ADJECTIFS OU LE SENS CHANGE SELON LEUR POSITION
—COMMENT INTERROGER AVEC :
  LES PRONOMS INTERROGATIFS *LEQUEL, LAQUELLE,*
    LESQUELS, LESQUELLES

I. COMMENT DECRIRE AVEC DES ADJECTIFS

1. Unlike English, adjectives in French must agree in gender and number with the noun they modify. The general rule for forming a feminine adjective is to add the letter -e to the masculine form:

   Mon frère est intelligent; ma sœur est intelligente.

   If an adjective already ends in an unaccented -e, it is not necessary to add another -e to form the feminine: **un jeune homme, une jeune fille.**

2. There are groups of adjectives which follow particular rules in forming the feminine. Among them: those ending in -if change to the ending -ive; those ending in -x change to -se; those ending in -el become -elle; in -er to -ère. (See Lesson 5 if you need to review these groups):

   un problème relatif, une influence relative

   un homme heureux, une femme heureuse

   un travail professionnel, une attitude professionnelle

   le mois dernier, la semaine dernière

   NOTE:
   Three adjectives have an irregular feminine and a special masculine form which is used with nouns beginning with a vowel sound:

   beau, bel *(m.)*, **belle** *(f.)*
       un beau bebe, un bel homme, une belle femme

   nouveau, nouvel *(m.)*, **nouvelle** *(f.)*
       un nouveau livre, un nouvel appartement, une nouvelle idée

vieux, vieil _(m.)_, vieille _(f.)_
 un vieux monsieur, un vieil oncle, une vieille tante

These adjectives normally precede the noun they modify.

3. To form the plural for most adjectives, add **-s** to the singular form:

Les garçons sont intelligents, les filles sont intelligentes.

Adjectives ending in **-x** or **-s** in the masculine do not change in the plural:

le ministre français, les ministres français
un étudiant heureux, des étudiants heureux

These adjectives are regular in the feminine plural.

Adjectives ending in **-eau** or **-al** become **-eaux** or **-aux** in the masculine plural. (There are five exceptions to this: **banals, fatals, finals, natals, glacials.**)

Position of Adjectives

1. In French, most adjectives follow the noun they modify. The exceptions are adjectives which are **"courts et courants,"** that is, short, common adjectives that describe size (**grand, gros, petit, long**), beauty (**beau, joli**), goodness or its opposite (**mauvais, bon**), age (**jeune, vieux, nouveau**), order (**premier, dernier**), and resemblance (**même, autre**).

2. Several adjectives can change their meaning by changing their position: when they follow the noun, their meaning is more literal; when they precede the noun, the meaning is more figurative. You will need to learn the following list, as the words are used frequently in both positions.

ADJECTIVE	PRECEDING NOUN	FOLLOWING NOUN
ancien	_former_ **un ancien professeur**	_old_ **un meuble ancien**
cher	_dear, cherished_ **une chère amie**	_expensive_ **un livre cher**
dernier	_final (in a series)_ **le dernier mois d'été**	_last (just passed)_ **le mois dernier**
même	_same_ **le même soldat**	_even, -self_ **le soldat même** **elle-même**
nouveau	_new (different)_ **une nouvelle voiture**	_brand new_ **une voiture nouvelle**
pauvre	_poor (to be pitied)_ **un pauvre étudiant**	_poor (without money)_ **un étudiant pauvre**
propre	_own_ **ma propre chemise**	_clean_ **une chemise propre**

   Lesson 22

seul	*lone (only one)*	*alone (by oneself)*
	la seule femme	**une femme seule**
simple	*mere*	*easy, uncomplicated*
	un simple sondage	**une sondage simple**

Exercice A. Révision rapide. Ces deux jeunes Français se ressemblent beaucoup. Sachant qu'il est intelligent, par exemple, nous pouvons décider qu'elle est intelligente aussi. Alors…

1. Il est assez séduisant. Et elle ?

   _____

2. Elle est sportive. Et lui ?

   _____

3. Il est sérieux. Et elle ?

   _____

4. Elle est sympathique. Et lui ?

   _____

5. Il est cultivé. Et elle ?

   _____

6. Elle est curieuse. Et lui ?

   _____

7. Il est petit. Et elle ?

   _____

8. Elle est contente. Et lui ?

   _____

Exercice B. Dites ce que vous aimeriez avoir ou faire. Attention à la forme et à la place de l'adjectif. Commencez votre réponse par « J'aimerais avoir/faire… » ou « Nous aimerions avoir/faire… »

1. (heureux) une vie _____

   _____

2. (propre) ma maison _____

_____

3. (élégant) des vêtements _____

_____

4. (fidèle) un ami _____

_____

5. (exotique) des voyages _____

_____

6. (même) la voiture que mon voisin a achetée _____

_____

7. (nouveau) le modèle de Porsche (*brand new*) _____

_____

Maintenant, dites ce que vous avez vu. Commencez par « J'ai vu... » ou « Nous avons vu... »

8. (amusant) un film _____

_____

9. (ancien) mes amis de Chicago (*former*) _____

_____

10. (vieux) une sculpture _____

_____

11. (beau) un tableau _____

_____

12. (ennuyeux) une pièce de théâtre _____

_____

13. (seul) le château de la région _____

_____

Finalement, dites ce que vous avez acheté. Commencez par « J'ai acheté… » ou « Nous avons acheté… »

14. (petit, vert) une plante _____

_____

15. (cher) une bicyclette _____

_____

16. (joli, rond) une table pour la salle à manger _____

_____

_____

17 (propre) mon ordinateur (*computer*) _____

_____

18. (noir) des chaussures _____

_____

19. (petit, charmant) un chapeau _____

_____

Exercice C. Qu'en pensez-vous ? Donnez votre opinion au sujet des conditions ou des problèmes suivants en mettant un adjectif dans votre réponse. Attention à la forme et à la place de l'adjectif.

Modèle : Que pensez-vous du nationalisme ?

Un nationalisme extrême est souvent dangereux. (ou)

Je pense qu'il peut être dangereux s'il est extrême.

1. Que pensez-vous du chômage ? _____

_____

_____

2. Que pensez-vous des partis politiques américains ? _____

_____

_____

3. Que pensez-vous des cours que vous suivez maintenant ? _____

_____

_____

4. Que pensez-vous de la famille traditionnelle (père, mère, 2½ enfants, etc.) ? _____

_____

_____

5. Que pensez-vous de la société américaine actuelle ? _____

_____

_____

6. Que pensez-vous de l'énergie nucléaire ? _____

_____

_____

7. Que pensez-vous de la Communauté européenne ? _____

_____

_____

8. Que pensez-vous de la condition ouvrière d'aujourd'hui ? _____

_____

_____

Exercice D. Maintenant que vous avez étudié les opinions de la « génération cocon » , faites la description d'un(e) jeune Français(e). Décrivez-le/la physiquement et morale- ment (caractère, personnalité, valeurs) en utilisant autant d'adjectifs que possible. Faites preuve d'imagination et nuancez le portrait que vous dessinez.

_____

_____

_____

_____

_____

_____

_____

_____

_____

II. COMMENT INTERROGER AVEC LES PRONOMS INTERRO-GATIFS *LEQUEL, LAQUELLE, LESQUELS, LESQUELLES*

The interrogative pronouns **lequel, laquelle, lesquels, lesquelles** are used to distinguish one or more persons or things from a larger group. These pronouns must agree in number and gender with the nouns they represent. **Lequel, lesquels,** and **lesquelles** contract with the prepositions à and de to become **auquel, auxquels, auxquelles** and **duquel, desquels, desquelles.**

Parmi les cours suivants, lesquels voulez-vous suivre ?
Among the following courses, which ones do you want to take?

Voici une liste de valeurs personnelles. Pour laquelle seriez-vous prêt(e) à risquer votre vie ?
Here is a list of personal values. For which one would you be ready to risk your life?

Parmi les personnes suivantes, lesquelles contribuent le plus au progrès de l'humanité ?
Among the following people, which ones contribute the most to the progress of humanity?

Voici une liste de livres. Lesquels avez-vous déjà lus ?
    NOTE: The past participle agrees with the preceding direct object **lesquels.**
Here is a list of books. Which ones have you already read?

Elle a parlé de plusieurs pays. —Ah, oui ? Desquels a-t-elle parlé ?
She talked about several countries. —Oh, really? Which ones did she talk about?

Nous pensions à un pays exotique. —Ah, oui ? Auquel pensiez-vous ?
We were thinking about an exotic country. —Oh, really? Which one were you thinking about?

Exercice E. Vous cherchez une précision. Utilisez la forme correcte de *lequel*, etc. pour obtenir cette précision. Attention aux prépositions.

    Modèle :   Tu vois ces magazines ?

                   Lesquels ?

1. Elle a acheté un de ces disques . _____

2. Tu veux répondre à une de ces questions ? _____

3. Vous avez besoin d'un de ce livres . _____

4. Deux de ces étudiantes sont françaises . _____

5. Tu penses aux problèmes sociaux ? _____

6. Il ressemble à un de ses frères . _____

7. Vous aimez ces chansons ? _____

8. Ils ont perdu leurs clés . _____

Exercice F. Votre amie vous parle de la vie actuelle en France. Vous réagissez à ce qu'elle dit en posant une question avec la forme correcte de *lequel, laquelle*, etc.

1. Il y a plusieurs partis politiques en France. Je me sens surtout proche d'un de ces partis.

    Vous : Ah, oui ? _____

2. Il y a plusieurs personnes qui peuvent contribuer au progrès de l'humanité.

    Vous : _____

3. Je crois qu'il est nécessaire d'avoir un idéal.

    Vous : Moi aussi, mais _____

4. A mon avis, il est important de penser aux enfants de demain.

    Vous : Je suis d'accord, mais _____

5. Pour moi, il n'y a qu'une valeur qui soit importante pour l'humanité.

    Vous : Ah, oui ? _____

6. Sais-tu la condition qui me paraît la plus grave pour la France d'aujourd'hui ?

   Vous : Non, _____

7. Je voudrais bien travailler dans d'autres pays européens.

   Vous : _____

8. Je voudrais bien savoir parler d'autres langues.

   Vous : Ah, oui ? _____

LESSON TWENTY-THREE
LA TROUVAILLE

REVISION

—LE CONDITIONNEL *(RAPID REVIEW)*
—LES FORMES DU SUBJONCTIF AU PASSE ET AU PRESENT
—L'EMPLOI DU SUBJONCTIF POUR :
  DEMANDER UN AVIS *(CROIS-TU QUE... ?)*
  EXPRIMER SES EMOTIONS *(JE CRAINS QUE... , JE SUIS
    HEUREUX QUE...)*
  EXPRIMER LE DOUTE, LA NECESSITE *(EST-CE POSSIBLE
    QUE... ? IL FAUT QUE...)*

I. THE CONDITIONAL AND CONTRARY-TO-FACT SENTENCES, HYPOTHESES

For those unsure of the tense sequences with the **si** clause, see Lesson 10. Others can quickly review the patterns that the following examples offer.

1. Contrary-to-fact statements in the present:

si + imparfait, conditionnel présent
   condition   result

S'il y avait de la justice, moi, j'habiterais ce beau logis.

Exercice A. Complétez la phrase avec la forme appropriée du verbe.

1. (avoir) Si tu portais un tricot, tu n' _____ pas froid.

2. (rester) Nous _____ chez nous s'il pleuvait.

3. (tomber) Si elle _____ , elle se ferait mal.

4. (dire) Si j'étais dans ta situation, je _____ la vérité.

5. (s'éteindre, *irregular*) Si la lampe _____ , on ne verrait rien.

6. (ouvrir) On _____ si tu appuyais sur la sonnette.

2. Contrary-to-fact statements in the past:

si + plus-que-parfait, conditionnel passé
      condition   result

Si tu t'étais dépêché, tu serais arrivé plus tôt.
Si on m'avait acheté un bijou, j'aurais été plus content(e).

Exercice B. Complétez les phrases suivantes avec la forme correcte du verbe.

1. Si elle n'avait pas fait la vaisselle, elle (sortir)_____ plus tôt.

2. Nous ne les aurions pas crus s'ils (dire) _____ ça.

3. Si le vent était devenu plus fort, les murs (tressaillir)_____ .

4. Si l'horloge (tinter) _____ , j'aurais su l'heure.

5. Nous aurions mieux réussi à notre examen si nous (étudier) _____ .

6. Si on n'avait pas tiré les rideaux, le soleil (traverser) _____ le salon de bout en bout.

NOTE:
When the "if" is not followed by something contrary to fact, the preceding rules do not apply. Follow English usage in such cases:

Si tu as cassé la fenêtre, eh bien répare-la.

Exercice C. Traduisez les phrases suivantes en faisant bien attention aux temps des verbes.

1. Si tu connais ce jeune homme, dis-moi son nom.

_____

2. Mettez le couvert, s'il vous plaît.

_____

3. Si tu savais ça, pourquoi ne me l'as-tu pas dit ?

_____

4. Pourquoi voulait-il revoir le film s'il l'avait déjà vu ?

_____

5. S'ils ont fait tout ça, ils ne l'ont jamais avoué.

_____

6. Cette histoire doit être vraie si tout le monde la croit.

_____

7. Si elle répond à toutes les questions, c'est qu'elle veut éveiller la jalousie chez les autres.

_____

Exercice D. Mélangez bien. Complétez les phrases suivantes avec le temps correct du verbe.

1. (ne pas se marier) Si je ne l'avais pas rencontré à ce moment, nous _____

_____

2. (être) Irène aurait eu de vrais amis si elle _____ plus franche avec eux.

3. (être) Si elle venait d'une autre classe sociale, est-ce qu'elle _____ plus heureuse ?

4. (déménager) Si elle _____ , ses amies s'intéresseraient sûrement à son nouveau logis.

5. (ne pas être) Sa vie _____ solitaire si elle avait eu des enfants.

6. (devenir) Si vous pouviez vous métamorphoser, qui est-ce que vous _____ , Pauline ou Irène ?

7. (admirer) Pourquoi achèverait-elle sa soirée dans la salle de bains si elle _____ tellement son salon ?

8. (recommencer) Si Mme Auroux se remariait, dit Irène, elle _____ une bêtise.

9. (être) Si Irène parlait trop vivement des qualités de son appartement, ses invitées _____ gonflées de rancune.

II. LE SUBJONCTIF

Preliminary remarks about the subjunctive mood

1. To express real actions or conditions, both English and French use the *indicative* mood in all tenses. The indicative recognizes, *indicates*, this reality.

2. However, where doubt, hope, or necessity questions the reality or fact, the verb "may" or "might" can be used in English, i.e., "It might rain." In French there is no equivalent for "may" or "might." Instead, there is the subjunctive mood to express this uncertainty.

3. *Subjunctive* means "under the yoke," subservient—because it is found in a subordinate clause. Examples:

   I insist that he explain what happened.

   J'insiste pour qu'il explique ce qui est arrivé.
   (uncertain whether it can or will be done in fact)

   Unlike French, the English subjunctive is seen infrequently today.

4. In English one can say: *I want you to finish the work (infinitive).* In French, because there is a different subject for each verb (*I* and *you*), one must say:

   Je veux que vous finissiez le travail (*subjunctive*).

   Ma mère est contente que je réussisse (*subjunctive*).

5. In some cases, however, French and English do follow similar patterns. Note the following:

   I want to finish the work.

   Je veux finir le travail.

   The French use this pattern because **je** is the subject of both verbs, **veux** and **finir.**

How to form the present subjunctive

1. *Regular verbs:* Use the third-person plural indicative stem + **e, es, e, ions, iez, ent.** Here are some examples:

   tromper : que je trompe, que tu trompes, qu'elle trompe, que nous trompions, que vous trompiez, qu'ils trompent

   rougir : que je rougisse, que tu rougisses, qu'il rougisse, que nous rougissions, que vous rougissiez, qu'ils rougissent

   rendre : que je rende, que tu rendes, qu'il rende, que nous rendions, que vous rendiez, qu'elles rendent

2. *Verbs that follow the pattern of* **venir:** The singular forms and the third-person plural follow the rule for regular verbs: **que je vienne, que tu viennes, qu'il vienne, qu'elles viennent.** Note the first- and second-person plurals, however: **que nous venions, que vous veniez.** When a verb has two different stems in the present indicative, the subjunctive has two as well. Many verbs follow this pattern, such as **devoir** and **prendre:**

    devoir :   doive, doives, doive, *devions, deviez,* doivent

    prendre : prenne, prennes, prenne, *prenions, preniez,* prennent

3. *Verbs with an irregular subjunctive stem throughout:*

    avoir :   aie, aies, ait, ayons, ayez, aient

    être :   sois, sois, soit, soyons, soyez, soient

    faire :   fasse, fasses, fasse, fassions, fassiez, fassent

    pouvoir : puisse, puisses, puisse, puissions, puissiez, puissent

    savoir :   sache, saches, sache, sachions, sachiez, sachent

4. *Verbs with an irregular subjunctive stem only in the singular and third-person plural:*

    aller :   aille, ailles, aille, allions, alliez, aillent

    vouloir : veuille, veuilles, veuille, voulions, vouliez, veuillent

Exercice E. Donnez la forme correcte du subjonctif.

1. Irène regrette que l'ordonnance du salon ne (pouvoir) _____ pas enlever l'ennui.

2. Irène veut qu'on (être) _____ jaloux en regardant cet appartement ancien où elle a emménagé.

3. Irène serait contente que la bonne (faire) _____ la vaisselle le matin.

4. La femme est-elle heureuse que son ex-mari lui (rendre) _____ _____ ___ visite ?

5. Elle regrette que les vieux chagrins ne (être) _____ vraiment pas morts.

6. Elle ne veut pas que le temps (passer) _____ si vite.

7. Mais elle est triste que la journée (finir) _____ en solitude.

8. Elles sont heureuses que le soleil (descendre) _____ .

9. Il n'est pas vrai qu'Irène (avoir) _____ la paix dans l'âme.

10. Il est possible que les invitées la (croire) _____ heureuse.

How to form the *passé composé* of the subjunctive

Like the **passé composé** in the indicative, in the past subjunctive there is an auxiliary verb and a past participle. Use the present subjunctive of **avoir** or **être** + the past participle. Examples:

> **que tu te sois levé(e), que vous soyez arrivé(e)(s), que j'aie compris, qu'elles aient répondu, qu'elle soit morte**

When will you use the **passé composé** of the subjunctive? Regardless of the tense of the main verb, if the subjunctive verb shows an act that preceded that of the main verb, it must be in the past subjunctive. In all other cases, use the present subjunctive. Here are several examples using a variety of tenses:

> **Je doute qu'elle soit sortie hier soir.** (*she went out*)
> **Je crains qu'elle ne vienne pas demain.** (*she won't be coming, isn't coming, or may not come*)
> **J'avais peur qu'elle ne vienne pas.** (*she wouldn't be coming*)
> **Je ne pense pas qu'ils aient compris.** (*they understood*)

Exercice F. Traduisez en anglais les mots soulignés. Attention aux temps verbaux.

1. Je suis content que tu finisses bientôt.

   _____

2. Je suis content que tu aies déjà fini.

   _____

3. Nous avions de la chance qu'il ne pleuve pas pour la fête.

   _____

4. C'est bien triste qu'Irène pleure à la pensée de son ex-mari.

   _____

5. Croyez-vous <u>qu'Irène ait passé la soirée dans la salle de bains</u> ?

_____

6. Il était douteux <u>qu'elle soit une grand-mère généreuse</u>.

_____

When do you use the subjunctive in French?

The subjunctive is used (A) when there are two clauses, the main and the subordinate, each with a different subject, and (B) when something happens in the main clause to trigger the subjunctive in the subordinate clause.

1. *One such trigger is doubt:*

> **Il est douteux que...**
> **Je doute que...**
> **Crois-tu que... ?**
> **Ils ne sont pas sûrs que...**
> **Il est possible que...**
> **Te semble-t-il que... ?**
> **Elle ne pense pas que...**

BUT: **elle croit, je pense, il est probable que** + *indicative* because no doubt is expressed.

Exercice G. Répondez aux questions suivantes par des phrases complètes.

1. Etes-vous sûr(e) qu'Irène ait divorcé ?

_____

2. Est-il possible que la dame ait vraiment aimé son salon ?

_____

3. Croyez-vous que le mari d'Irène se soit déjà remarié ?

_____

4. Moi, je ne pense pas que Pauline ait beaucoup d'amitié pour sa maîtresse, et vous ?

_____

5. Selon ce conte, il est probable que les vaniteux sont malheureux, n'est-ce pas ?

_____

6. Croyez-vous que Pauline habite chez Irène ou ailleurs ?

_____

7. Moi, je pense que l'on peut être heureux et solitaire. Et vous ?

_____

8. Se peut-il qu'Irène soit indépendante un de ces jours ?

_____

2. *Another trigger is emotion:*

Vous avez peur que...
Tu es content(e) que...
On est heureux que...
Je suis triste que...
Il regrette que...
Nous souhaitons que...

BUT: **j'espère que** + *indicative*

Exercice H. Complétez les phrases suivantes avec une forme correcte du subjonctif.

1. (se faire) Il est douteux que ceci _____

2. (ne pas être) Tu es content qu'elle _____
   malade.

3. (divorcer) As-tu peur qu'elle _____

4. (aimer) Il est possible que vous l' _____

5. (mourir) Regrettes-tu que son ami _____

6. (prendre) Il veut que tu _____ le train.

7. (ne pas faire beau) Je crains qu'il _____
   demain .

8. (s'amuser) Je voudrais que tous _____

   Lesson 23

9. (réussir) Il n'était pas sûr que son ami _____

10. (finir) Je souhaite que tu _____
    bientôt.

3. *Necessity triggers the subjunctive too:*

   Il faut que... *(One must...)*
   Il ne faut pas que... *(One mustn't...)*
   Il est nécessaire que...
   Il vaut mieux que... *(It's better that...)*

Exercice I. Vous écrivez à un camarade toujours à l'école secondaire mais qui compte s'inscrire à l'université l'année prochaine. Donnez-lui des conseils qui l'aideront à s'intégrer dans la vie universitaire et à réussir dans ses cours. Employez le vocabulaire de *nécessité* ci-dessus.

_____

_____

_____

_____

_____

_____

_____

_____

Exercice J. Ecrivez votre testament et distribuez vos biens et vos qualités (par exemple, votre intelligence, votre patience, vos talents en basket) à des amis, à votre famille, etc. Employez les verbes *accepter, avoir, recevoir, prendre,* etc.

1. Je veux que _____

2. Je souhaite que _____

3. Il est bon que _____

4. Je préfère que _____

5. J'espère que _____

4. **Les automatismes** *and the subjunctive:* The subjunctive also is triggered automatically by certain conjunctions:

> **pour que** (*so that, in order that,* i.e., a hope)
> **à moins que** (*unless,* i.e., a bit of doubt here)
> **avant que** (*before,* i.e., doubt, will it happen?)
> **de crainte que, de peur que** (*for fear that,* i.e., emotion)
> **jusqu'à ce que** (*until,* i.e., element of doubt)
> **pourvu que** (*provided that,* i.e., a big "if ")
> **bien que, quoique** (*although,* i.e., concessions)

> BUT: **après que, parce que, puisque** + *indicative*

Exercice K. Mettez la forme correcte du verbe dans la phrase.

1. Il a fallu qu'Irene divorce avant que sa dot lui (être) _____ rendue.

2. Irène a divorcé pour que son indépendance (devenir) _____ une réalité.

3. Elle sera sa femme jusqu'à ce qu'il (mourir) _____

4. Elle est restée dans sa chambre jusqu'à ce que Pauline (arriver) _____

5. Pauline travaille samedi soir bien que son mari (avoir) _____ la semaine anglaise.

NOTE:
Study the following ways of avoiding the subjunctive used in the above sentences. They are not uncommon, and all involve returning to a single subject.

1. Il a fallu divorcer avant de recevoir sa dot.

2. Irène a divorcé pour devenir indépendante.

3. Elle sera mariée jusqu'à la mort de son mari.

4. Elle est restée dans sa chambre jusqu'à l'arrivé de Pauline.

5. Pauline sait que son mari est libre le samedi soir, mais elle travaille quand même.

5. *And now, the three "-evers":*

> **où que tu ailles...** (*wherever you go . . .*)
> **qui qu'il/elle soit...** (*whoever he/she is . . .*)
> **quoi que l'on fasse...** (*whatever we do . . .*)

   Lesson 23

LESSON TWENTY-FOUR
LA BOMBE DE L'ASTORIA

RÉVISION
—COMMENT INTERROGER
—LE DISCOURS INDIRECT
—COMMENT EXPRIMER LE MOT *PEOPLE* EN FRANÇAIS
—COMMENT EXPRIMER LE MOT *TIME* EN FRANÇAIS

I. COMMENT INTERROGER

Questions in French tend to have inverted verbs or use **est-ce que.** Do you agree? Actually, in "La bombe de l'Astoria" most of the questions do not have inverted verbs. This is because the story is mainly a dialogue, and many liberties are taken to make it read like a conversation. The intonation of the voice is enough to show they are questions. In written and more formal spoken French the interrogative markers of inversion or **est-ce que** are usually used to introduce a question.

Exercice A. Choisissez une dizaine de questions posées sans inversion ni **est-ce que** dans « La bombe de l'Astoria » , et écrivez-les ci-dessous à côté de la lettre A. Répétez ces phrases à haute voix pour perfectionner l'intonation.

1. A:_____

    B: _____

2. A:_____

    B: _____

3. A:_____

    D. _____

4. A:_____

    B: _____

5. A:_____

    B: _____

6. A: _____

   B: _____

7. A: _____

   B: _____

8. A: _____

   B: _____

9. A: _____

   B: _____

10. A: _____

    B: _____

Maintenant à côté de la lettre B transformez toutes vos questions en employant l'inversion.

Exercice B. Ecrivez la question qui a produit les réponses suivantes. Employez l'inversion pour former la question. Notez l'ordre des mots dans les modèles.

> **Modèles :**   Il ne vous en a pas donné.
> *Ne vous en a-t-il pas donné ?*
>
> Le cambrioleur a pris le train.
> *Le cambrioleur a-t-il pris le train ?*

1. Vous savez le nom du criminel. _____

   _____

2. Le feu a tout dévoré. _____

   _____

3. On les a alertés. _____

   _____

4. Il y a eu une explosion. _____

   _____

5. Les coffres ont été vidés. _____

_____

6. Il ne s'est aperçu de rien. _____

_____

7. Le mur s'est écroulé. _____

_____

II. DISCOURS INDIRECT

Notice what happens to a question in indirect discourse.

Direct:	**Qui aime-t-il ?**
Indirect:	**Je ne sais pas qui il aime.**
Direct:	**Qu'est-ce qu'elle pense ?**
Indirect:	**J'ignore ce qu'elle pense.**
Direct:	**A quoi pensons-nous ?**
Indirect:	**Sais-tu à quoi nous pensons ?**

Exercice C. Voici des questions indirectes. Ecrivez une nouvelle question à la forme directe. Regardez bien ce qui change dans le modèle ci-dessous :

Modèle :   Dis-moi ce que tu en penses.

Qu'en penses-tu ? ou

Qu'est-ce que tu en penses ?

1. Sais-tu ce qu'il veut? _____

_____

2. Dis-moi ce que tu cherches. _____

_____

3. Expliquez-moi ce qu'ils ont vu. _____

_____

4. Je me demande où elle est née. _____

_____

5. Je ne sais pas pourquoi il a fait cela. _____

_____

6. Explique-moi ce que tu vas faire. _____

_____

7. Sais-tu comment il s'appelle ? _____

_____

8. Dis-moi à qui tu parlais. _____

_____

9. Demande-lui quel âge elle a. _____

_____

10. Demande-lui la cause de sa maladie. _____

_____

III. COMMENT EXPRIMER *PEOPLE* EN FRANÇAIS

How do you say "people" in French? It depends on the context: there are people and then, there are people.

Examples:

1. *People will say we're in love.*

   On dira que nous nous aimons.

2. *White people, black people, French people, lazy people, rich people, educated people, sick people*

   Les blancs, les noirs, les Français, les paresseux, les riches, les instruits, les malades

3. "People" as an ethnic or cultural group: **un peuple**

   the French people = **le peuple français**

4. A few people that can be easily counted: **une personne**

   There were two people on the elevator.

   Il y avait deux personnes (hommes, femmes, scouts, etc.) dans l'ascenseur.

5. People in larger groups and whom one does not know: **les gens,** generally masculine plural

   Il y avait pas mal (i.e., beaucoup) de gens dans la rue.

   les jeunes gens, les pauvres gens

   Qui sont ces gens ?

6. Also one can say:

   Il y a du monde à la porte.

   Or one can use the demonstrative pronouns:

   Ceux qui nous écrivent... *People who write us...*

   Ceux à qui nous écrivons... *People we write to...*

   Ceux que nous ne connaissons pas... *People we don't know...*

Exercice D. Mettez le meilleur mot pour *people* dans la phrase selon le contexte.

1. _____ ont paniqué.

2. _____ découvre un cadavre dans l'ascenseur.

3. Au commissariat de police on voit beaucoup de _____ .

4. Il y a trois _____ mystérieuses dans le couloir.

5. Ce sont (*sick people*) _____ qui viennent à l'hôpital.

Exercice E. Ecrivez six phrases où vous employez une variété de vocabulaire qui traduit le mot *people* en français.

1. (peuple) _____

   _____

2. (on) _____

   _____

3. (personne) _____

_____

4. (gens) _____

_____

5. (du monde) _____

_____

6. (les vieux) _____

_____

IV. COMMENT EXPRIMER LE MOT *TIME* EN FRANÇAIS

Temps, fois, heure: these are the words meaning "time." The following sentences will give you contexts to understand the various ways to use them.

1. *Le temps* passe, c'est un aspect continu et infini de l'existence. (*Le temps* peut être aussi les phénomènes du soleil, de la pluie, du brouillard, etc.)

2. *Une seule fois* n'est qu'un moment dans le temps.

   On dit qu'un chat meurt neuf *fois*.

   Je le lui ai répété trente-six *fois*.

   En mathématiques on dit $(3 \times 7 = 21)$ trois *fois* sept font vingt et un.

3. Quelle *heure* est-il ? Il est trois heures et demie.

Exercice F. Complétez la phrase en employant *temps*, *fois* ou *heure*, selon le contexte.

1. Tu as assez de _____ pour m'aider ?

2. Combien de _____ a-t-il relu ce livre ?

3. Quel _____ affreux ce matin, il pleut et il fait du vent.

4. C'est la première _____ que je les ai vus.

5. Une _____, je m'en souviens bien, j'ai perdu ma montre.

6. J'ai rendez-vous à deux _____.

 Lesson 24

7. Quel _____ fait-il aujourd'hui ? Il va neiger ?

8. Le _____ passe si vite quand on s'amuse (i.e., *have a good time*).

9. Il était une _____... (*Once upon a time...*)

10. Ta maison est deux _____ plus grande que la mienne.

LESSON TWENTY-FIVE
LA GRASSE MATINÉE

REVISION
—**COMMENT DISTINGUER ENTRE** *AN/ANNEE, JOUR/JOURNEE, MATIN/MATINEE, SOIR/SOIREE*
—**COMMENT EMPLOYER** *MATIN* **ET** *SOIR* **COMME ADVERBES DE TEMPS**
—**COMMENT INDIQUER LA REPETITION TEMPORELLE AVEC LES JOURS DE LA SEMAINE**
—**COMMENT EXPRIMER LES SENTIMENTS, LES OPINIONS AVEC** *PENSER A, PENSER DE, CROIRE, TROUVER, EPROUVER,* **ETC.**

I. AN/ANNEE, JOUR/JOURNEE, MATIN/MATINEE, SOIR/SOIREE

How does one know whether to use **an** or **année?** (After all, each word means *year* in English.) The problem is the same with **jour** and **journée, matin** and **matinée,** and **soir** and **soirée.** The guidelines that follow should help you make the right choice.

The feminine suffix **-ée** often indicates the "contents" of something: **une bouchée** = *a mouthful,* **une poignée** = *a fistful.* When used with time, **-ée** shows duration, **la durée,** how time is filled, and the time element itself is indefinite:

> **J'ai passé toute la matinée dans le jardin.**
> **Quelle journée extraordinaire !**
> **Marie m'a téléphoné au début de la soirée.**

By extension, **une matinée** at the movies or theater is a daytime performance, and **une soirée** is a party taking place in the evening.

Année is generally used with an adjective or phrase: **une année difficile, plusieurs années, beaucoup d'années, une année de famine,** whereas **an** is a precise unit of time to be counted, used with ordinal numbers, as for example, **Mon frère a dix ans.**

Journée behaves the same: **une journée d'espoir, une triste journée,** but **dans trois jours.**

Exercice A. Complétez les phrases suivantes avec la forme correcte.

1. Le téléphone n'a cessé de sonner (*all morning*) _____.

2. Elle vient de finir sa (*first year*) _____ universitaire à N.Y.U.

3. C'était une (*long day*) _____ de travail.

4. Elle a déjà vécu (*eighty years*) _____.

5. J'ai passé (*the evening*) _____ chez elle.

6. Selon Victor Hugo, 1870–1871 était (*terrible year*) l'_____.

II. MATIN, SOIR COMME ADVERBES DE TEMPS

To express "in the morning, evening or afternoon" and "at night" in French, only the definite article and noun are used. Note that there is no preposition:

le matin	*in the morning*
l'après-midi	*in the afternoon*
le soir	*in the evening*
la nuit	*at night*

But to be more specific we can say **ce soir, ce matin-là, cet après-midi.**

Exercice B. Finissez ces phrases avec une expression logique.

1. Dans cette région il y a du brouillard _____.

2. On commet les vols surtout _____.

3. Faire la grasse matinée, c'est se lever tard _____.

4. C'est rare, mais _____ il s'est levé de bonne heure.

5. Les Anglais prennent du thé _____.

III. JOURS DE LA SEMAINE ET LA REPETITION

With days of the week, to express the habitual use of a day ("On Sundays we go to the park," for example), there is no preposition in French, and a singular article must be used:

Ils vont à l'église le dimanche.
They go to church on Sundays.

Il n'y a pas de classes le samedi.
There are no classes on Saturdays.

The **le** is omitted if something happens only once:

> **Je suis arrivée de Paris lundi.**
> **Je ne t'ai pas vu mardi.**

Exercice C. Complétez les phrases suivantes en mettant l'article défini s'il est nécessaire.

1. Quel jour de la semaine a-t-il l'habitude de voir sa mère ? _____ lundi.

2. Nous dînons souvent dans un restaurant _____ vendredi.

3. Je n'ai pas travaillé _____ lundi; j'étais malade.

4. D'habitude as-tu des classes _____ mardi ?

5. Notre Thanksgiving arrive toujours _____ jeudi.

Note the difference between **en** and **dans** with expressions of time. **En** notes the time necessary to do something: **en une semaine/heure** = *within that length of time*.

> **J'ai fini mon examen en une heure.**

Dans shows the exact time when the action is to take place: **dans une semaine/heure** = *a week from today, an hour from now*.

> **J'aurai un autre examen dans deux jours.**

Exercice D. Complétez les phrases suivantes en y mettant **en** ou **dans,** selon le cas.

1. Je vais me coucher _____ vingt minutes.

2. Nous avons couru dix kilomètres _____ une heure.

3. Mon père va prendre sa retraite _____ huit ans.

4. Elle fait ses courses _____ un seul après-midi.

5. On ne peut pas faire tout cela _____ si peu de temps.

6. Je vais lui téléphoner _____ une demi-heure.

7. Le brouillard se dissipera _____ quelques heures.

8. J'avais tout fini _____ un instant.

9. _____ combien de temps comptez-vous le revoir ?

IV. COMMENT EXPRIMER LES SENTIMENTS OU LES OPINIONS

1. Feelings and opinions can be expressed in several ways. Using **penser, croire,** and **il semble** is one way, but note that negative or interrogative forms of these verbs are generally followed by the subjunctive. (See Lesson 23 for a review of the subjunctive.)

> **Crois-tu qu'il te comprenne ?**
>
> **Je ne pense pas que ce soit vrai.**
>
> **Il ne nous semble pas qu'on puisse le faire.**

Exercice E. Mettez les phrases au négatif et à l'interrogatif, changeant la forme des verbes s'il est nécessaire.

> **Modèle :**   Je crois que c'est idiot.
>
>   *Je ne crois pas que ce soit idiot.*
>
>   *Crois-tu que ce soit idiot ?*

1. Je crois que ce bruit est terrible.

   _____

   _____

2. Je pense que cet homme est fou.

   _____

   _____

3. Il me semble que le vagabond a les cheveux gris.

   _____

   _____

4. Tu crois que le vagabond peut faire quelque chose contre ce monde.

   _____

   _____

5. Il pense que les flics sont protégés par la crainte.

   _____

   _____

6. Il leur semble que cet homme a faim.

_____

_____

7. Il te semble que le vagabond a tué l'homme estimé.

_____

_____

8. Vous pensez que l'homme a été égorgé.

_____

_____

9. Je crois que la faim a causé ce crime.

_____

_____

2. To express an opinion without a second verb one can use **je crois** or **je trouve** plus an object and an adjective. Here are some examples:

> **Je le trouve beau.**
> *I find it beautiful.*
>
> **Je le crois efficace.**
> *I think it's efficient.*
>
> **Elle le croit très intéressant.**
> *She thinks it very interesting.*
>
> **Trouves-tu ce poème difficile ?**
> *Do you think this poem is difficult?*

Exercice F. Répondez à ces questions en suivant le modèle.

> **Modèle :**   Comment trouvez-vous le temps cet été ?
>
> *Je le trouve un peu trop chaud.*

1. Comment trouvez-vous votre mère ? belle ? patiente ?

_____

Lesson 25   **203**

2. Trouve-t-il la voiture trop chère ?

_____

3. Trouves-tu le brouillard dangereux ?

_____

4. Croit-elle que le pourboire soit suffisant ?

_____

5. Est-ce que le café est assez chaud ?

_____

6. Trouvez-vous ces poissons délicieux ?

_____

7. Croyez-vous que l'œuf soit cassé ?

_____

8. Comment trouvez-vous le jazz ? agréable ? super ?

_____

3. The verbs **éprouver** + a noun, **ressentir** + a noun, and **se sentir** + an adjective allow you to state how you feel about a thing or a person:

> **Nous éprouvons de l'admiration.**
> _We feel admiration._

> **Je ressens du remords.**
> _I feel remorse._

> **Il se sent frustré.**
> _He feels frustrated._

Exercice G. Dans un musée vous voyez beaucoup de peintures, de statues, de gravures. Quelle réaction avez-vous devant elles ? Qu'est-ce que vous éprouvez ou ressentez devant elles ? L'admiration ? La curiosité ? Le plaisir ? L'horreur ? L'ennui ? Vous sentez-vous touché(e) ? frustré(e) ? ennuyé(e) ? indifférent(e) ? Inventez une réponse à ces questions en employant les verbes _éprouver_ + nom, _ressentir_ + nom, _se sentir_ + adjectif.

1. Que ressentez-vous devant la Joconde (*Mona Lisa*) ?

   _____

2. Qu'est-ce que vous éprouvez devant la Vénus de Milo ?

   _____

3. Comment vous sentez-vous devant une peinture abstraite ?

   _____

4. Qu'éprouvez-vous devant la mère de Whistler ?

   _____

5. Comment vous sentez-vous devant la statue de Rodin qui s'appelle Le Penseur ?

   _____

6. Qu'est-ce que vous ressentez devant un autoportrait de Van Gogh ?

   _____

4. **Penser à** or **penser de** ? The first verb means to think about something or someone, to call them to mind. The second asks for an opinion about them. Here are some examples:

   Je pense à mes vacances. J'y pense souvent.
   I'm thinking about my vacation. I think about it often.

   Que pensez-vous de la cuisine française ?
   What do you think of French food?

   Qu'en pensez-vous ?
   What do you think about it?

Exercice H. Imaginez une réponse possible à ces questions.

1. A quoi pense-t-il ? _____

   _____

2. Que pense-t-il du professeur ? _____

   _____

3. A qui pense-t-elle ? _____

_____

4. Que pensez-vous de ce film ? _____

_____

5. A quel livre pensez-vous ? _____

_____

6. Qu'est-ce que vous pensez du vagabond ? _____

_____

5. Here are other expressions that help you express your opinions or feelings:

—Si vous êtes d'accord avec ce que vous venez d'entendre :

Tiens, c'est (bien) juste, ça.

Oui, tu as raison.

Bien sûr, forcément...

—Si vous n'êtes pas d'accord :

Oh, ce n'est-pas (tout à fait) ça.

Mais au contraire, on peut dire que...

Ah non, sûrement pas !

Mais non voyons, c'est pas vrai, ça.

—Si vous voulez exprimer une idée, un point de vue :

Mais écoutez, ce que je pense, moi, c'est que...

A mon avis,...

On pourrait dire aussi que...

Ça dépend... Moi, je pense que...

—Si vous n'avez rien à répondre :

Euh... Oui, peut-être... *(Uh, well, yeah...)*

Mais par contre... *(But on the other hand...)*

Exercice I. Pour chaque observation qui suit, trouvez une réponse en vous servant d'abord d'une des expressions ci-dessus.

1. On devrait vraiment réduire le maximum de vitesse sur les routes nationales à 60 kilomètres à l'heure.

   _____

   _____

2. Il vaut mieux que les nouveaux mariés habitent chez les parents au début de leur mariage.

   _____

   _____

3. Oh, vous savez, la vie est finie à 30 ans.

   _____

   _____

4. Moi, je préfère les légumes à la viande.

   _____

   _____

5. Comment s'appelle le premier cosmonaute soviétique ?

   _____

   _____

6. As-tu remarqué que les étudiants passent peu de temps à la bibliothèque ?

   _____

   _____

7. A mon avis, Wendy's est bien supérieur à Burger King.

   _____

   _____

8. Heureusement on ne permet pas aux femmes d'être sur les champs de bataille !

   _____

   _____

9. On devrait avoir au moins vingt-cinq ans avant de se marier.

   _____

   _____

10. A mon avis on aurait dû donner la peine capitale à l'assassin qui avait égorgé sa victime.

   _____

   _____

LESSON TWENTY-SIX

MISS EDITH MOURRA LE 20 MAI...

REVISION

—COMMENT S'EXPRIMER AU FUTUR AVEC LES FORMES VERBALES
IRREGULIERES

—COMMENT ETABLIR UNE CHRONOLOGIE EN RACONTANT AU
PASSE :
AVEC LES EXPRESSIONS TEMPORELLES PRECISES
AVEC LES EXPRESSIONS TEMPORELLES GENERALES

I. LES VERBES IRREGULIERS AU FUTUR

By now you are familiar with the irregular future stems of **avoir, être, aller,** and **faire**
(Lesson 12). In this lesson you will gain more experience in using other verbs with irregular stems in the future. Some of these verbs are also listed in Lesson 12.

Exercice A. Ecrivez une nouvelle phrase en mettant les verbes soulignés au futur.

Modèle :   Elle va <u>faire</u> une croisière.

Elle fera une croisière.

1. Miss Edith dit : « Je vais <u>mourir</u> le 20 mai » .

   _____

2. Le médecin va <u>envoyer</u> l'ordonnance à la pharmacie.

   _____

3. Il <u>vaut</u> mieux profiter du temps qui me reste.

   _____

4. Ils vont <u>voir</u> leurs amis demain soir.

   _____

5. Comme d'habitude, je ne vais <u>recevoir</u> aucune lettre aujourd'hui.

   _____

6. Il va <u>pleuvoir</u> pendant la croisière.

_____

7. Ces jeunes femmes vont <u>devenir</u> médecins.

_____

8. La malade <u>doit</u> dormir tôt, mener une vie sage.

_____

9. Ses amis vont lui <u>envoyer</u> une lettre.

_____

10. Bientôt nous allons <u>savoir</u> la nouvelle fatale.

_____

11. Désespérée, elle va <u>courir</u> chez le médecin.

_____

12. Tu vas <u>pouvoir</u> trouver ta petite revanche.

_____

Exercice B. Avancez dans le temps jusqu'à l'an 2050. Imaginez ce que vous trouverez à cette époque en employant les verbes entre parenthèses.

1. (pouvoir) Nous _____ visiter la planète Mars.

2. (devoir) Tout le monde _____ avoir un passeport.

3. (courir) Je crois que je _____ à des vitesses exceptionnelles.

4. (avoir) En Afrique il y _____ une famine terrible. Au nord, (pleuvoir)

   il _____ sans cesse.

5. (falloir) On nous dit qu'il _____ conserver nos ressources naturelles.

6. (devenir) Notre planète _____ partenaire avec Mars.

7. (voir et comprendre) Nous _____ et _____ enfin les soucoupes volantes.

8. (mourir) On ne _____ pas avant l'âge de 90 ans.

 Lesson 26

9. (savoir) Les médecins _____ guérir les maladies comme le SIDA, et

(ne plus courir) _____ nous à la recherche de plaisirs éphémères.

10. (vouloir) Nous _____ tous un meilleur monde.

Exercice C. C'est à vous de prendre la parole maintenant. Avec une grande variété de verbes, réguliers et irréguliers, parlez-nous d'un voyage que vous ferez « un de ces jours » , ou de la vie que vous vous ferez dans une autre région du pays. Ecrivez au moins huit phrases.

_____

_____

_____

_____

_____

_____

_____

_____

_____

II. COMMENT EXPRIMER LA CHRONOLOGIE

When you can establish order in telling a story, you communicate better. You will work with several expressions in this section that will help you to establish a chronology. They are:

le lendemain	*the next day*
le surlendemain	*two days later*
aussitôt	*right after, right away*
quelques (jours) après	*a few (days) later*
au bout de (3 jours)	*after (at the end of) (three days)*

Exercice D. Reprenez l'aventure de Miss Edith et parlez de sa vie. Commencez par une soirée chez ses amis; passez ensuite à la lettre fatidique et la deuxième réunion avec ses amis.

N'oubliez pas d'insérer la visite chez le médecin tout au début de votre récit et terminez-le par les dernières activités qui mènent à la mort de Miss Edith. Voilà le vocabulaire pour donner une structure précise au récit : *le lendemain, le surlendemain, au bout de, aussitôt, quelques jours après.*

_____

_____

_____

_____

_____

_____

_____

_____

_____

The preceding exercise dealt with a specific time frame. In the following section you will use general terms related to chronology:

la plupart du temps	*most of the time*
d'habitude	*usually*
de temps en temps	*from time to time*
parfois	*sometimes*
rarement	*rarely*
quelquefois	*sometimes*

Exercice E. Répondez aux questions suivantes en employant les adverbes suivants : *la plupart du temps, d'habitude, de temps en temps, parfois, quelquefois, rarement.*

En parlant d'*aujourd'hui* :

1. Allez-vous chez le médecin ?

_____

 Lesson 26

2. Prenez-vous des médicaments ?

_____

3. Avez-vous mal à la tête ?

_____

4. Est-ce que vous vous sentez bien ?

_____

En parlant de *l'année dernière* :

5. Etiez-vous souffrant(e) ?

_____

6. Est-ce que vous avez eu mal aux dents ?

_____

7. Est-ce que vous vous êtes ménagé(e) ?

_____

8. Changiez-vous d'avis fréquemment ?

_____

9. Lisiez-vous des romans policiers ?

_____

10. Est-ce que vos amis se sont moqués de vous ?

_____

Exercice F. Contextualisez ! Vous êtes un(e) des ami(e)s de Miss Edith. Répondez aux questions posées par un journaliste qui essaie de comprendre la défunte et pourquoi elle est morte si jeune. Utilisez les mots entre parenthèses dans votre réponse.

1. Le journaliste : Vous vous retrouviez souvent, vous et Miss Edith ?

L'ami(e) : (de temps en temps) _____

_____

2. Le journaliste : Où exactement ? Chez elle ?

   L'ami(e) : (la plupart du temps) _____

   _____

3. Le journaliste : Avait-elle l'air triste ?

   L'ami(e) : (parfois) _____

   _____

4. Le journaliste : Est-ce qu'elle manquait parfois un de vos rendez-vous ?

   L'ami(e) : (rarement) _____

   _____

Maintenant vous êtes Miss Edith elle-même. Vous vous expliquez pendant l'interview avec le journaliste.

5. Le journaliste : Vous vous entendiez bien avec vos amis ?

   Miss Edith : (d'habitude) _____

   _____

6. Le journaliste : Avant de voir le médecin, vous vous êtes inquiétée de votre santé ?

   Miss Edith : (rarement) _____

   _____

7. Le journaliste : Vous aviez confiance en votre médecin ?

   Miss Edith : (la plupart du temps)

   _____

8. Le journaliste : Il vous écrivait des ordonnances ?

   Miss Edith : (quelquefois)

   _____

9. Le journaliste : Vous le connaissiez depuis longtemps. Il était aussi un ami de la famille. Vous sortiez avec lui de temps en temps ?

   Miss Edith : Oui, et on est tombé amoureux. On voulait se marier… avant d'apprendre que j'allais mourir le 20 mai.

LESSON TWENTY-SEVEN

PUBLICITES DES COMPAGNIES AERIENNES

REVISION
—COMMENT EMPLOYER LE VERBE *MANQUER*
—COMMENT FORMER LE SUPERLATIF DES ADJECTIFS; LES FORMES IRREGULIERES DE *BON, MAUVAIS, PETIT : MEILLEUR, PIRE, MOINDRE*

I. LE VERBE MANQUER

The verb **manquer,** with its various meanings, is a useful one in French. The most frequent uses follow, along with a synonym when appropriate.

1. **manquer (rater) :** *to fail to catch or keep*

   Elle n'a pas manqué l'avion.
   Nous avons manqué la soirée.
   J'ai manqué notre rendez-vous. J'en suis désolé.

2. **manquer (sécher, être absent[e]) :** *to skip school or an opportunity*

   Philippe manque aujourd'hui, constate le professeur.
   Le petit Hans préfère manquer la classe.

3. **manquer de +** *noun* **(ne pas avoir assez de) :** *to lack*

   Cette vendeuse manque de patience.
   Votre travail manque de discipline.

Exercice A. Ecrivez une phrase avec chaque groupe de mots.

1. passagers / ne pas manquer / train / six heures du soir

   _____

   _____

215

2. mots / me / manquer / essayer / exprimer / sentiments

_____

_____

3. héroïne / film / nous / voir / manquer / talent

_____

_____

4. malheureusement / il faut / M. Dufresne / manquer / rendez-vous / dentiste

_____

_____

5. Madame la directrice / remarquer / Philippe / manquer / ce matin

_____

_____

6. combien / fois / semestre / vous / manquer (*interrogatif*) / classe

_____

_____

7. solitude (*f.*) / manquer / quand / habiter / résidence universitaire

_____

_____

8. étudiants / manquer / argent / la plupart du temps

_____

_____

ATTENTION:

To express missing someone or something in the sense of to feel the absence of someone, the verb **manquer** is used in the following manner: unlike English, the object or person missed is the *subject* of the sentence, and the person feeling the absence is the *indirect object*. Here are some examples:

Mon pays me manque.

I miss my country.

Quand elle est à l'université, ses parents lui manquent.
When she's away at school, she misses her parents.

Nos amis nous manquent.
We miss our friends.

Exercice B. Traduisez les phrases suivantes en français.

1. Do you miss your fiancé(e)? Do you see him/her often?

_____

_____

2. When I am at the university, I miss my friends from home.

_____

_____

3. Do we miss the sunshine? Of course!

_____

_____

4. When I'm overseas, I miss our language, our food, our customs **(coutumes)**.

_____

_____

5. Do you miss the beach in winter?

_____

_____

All of the above uses of **manquer** (e.g., **rater, sécher, ne pas avoir assez, sentir l'absence**) have a personal subject. The last form you will study uses an impersonal subject **il** : **il manque qqch à qqn** (literally, *there is something missing to someone*). Here are several examples:

Il lui manque un passeport.
He doesn't have a passport.

Il nous manquait un bon plan de la ville.
We didn't have a good map of the city.

Il vous manque même le temps de voir le paysage.
You don't even have time to see the countryside.

Exercice C.   Terminez les phrases suivantes. Commencez votre réponse par « *Je ne peux pas (Elle ne peut pas, etc.)* », puis un emploi du verbe *manquer*.

> **Modèle :**   —Sors avec nous, Philippe.
>
> —*Je ne peux pas. Il me manque d'argent.*

1. On vous demande de partir tout de suite pour un voyage à la Guadeloupe. Qu'est-ce qui vous empêche de faire ce voyage ?

   _____

   _____

   _____

2. Hélène invite ses amies Christine et Sylvie pour un week-end à la plage. Elles doivent refuser. Pourquoi ?

   _____

   _____

   _____

3. Elle a cherché du travail pour l'été, mais on lui a refusé un poste. Qu'est-ce qui lui manque ?

   _____

   _____

4. Qu'est-ce qui vous manque pour réussir ?

   _____

   _____

5. Il y a trop de famine dans le monde. Pourquoi ?

   _____

   _____

6. Qu'est-ce qui manque à la télévision d'aujourd'hui ?

   _____

   _____

                   Lesson 27

Related to the verb **manquer,** is the noun **un manque** (*a lack*): **un manque de talent, un manque d'imagination, un manque de respect.** Likewise, there is the adjective **manqué,** meaning *wasted* or *unsuccessful:* **un effort manqué, une visite manquée, un vie manquée.**

Exercice D. Expliquez pourquoi ces actes ou ces conditions n'ont pas réussi.

1. un voyage manqué _____

_____

2. une révolution manquée _____

_____

3. un mariage manqué _____

_____

4. un régime (*diet*) manqué _____

_____

_____

Exercice E. Terminez les phrases suivantes en employant *un manque de + nom* pour expliquer le problème.

1. On n'a pas un G.P.A. de 4,0 ? C'est probablement dû à _____

_____

2. Marceline a toujours l'air malheureuse. C'est sans doute dû à _____

_____

3. Les tableaux de cet artiste ne se vendent jamais. On dit que c'est à cause d' _____

_____

4. On n'était pas du tout content sur ce vol. Il y avait _____

_____

5. On se plaint de la jeunesse d'aujourd'hui, disant qu'elle montre _____

_____

II. LE SUPERLATIF DES ADJECTIFS

Two major points for English speakers to remember when using the superlative of adjectives are (1) the pattern needed when the adjective stands after the noun; and (2) the irregular forms of **bon, mauvais,** and **petit.**

1. To form the superlative with adjectives that *precede* the noun: *definite article +* **plus/moins** *+ adjective + noun*

> **la plus longue lettre de la collection**
> **les plus hautes montagnes du pays**

To form the superlative of adjectives that *follow* the noun: *definite article + noun + definite article +* **moins/plus** *+ adjective*

> **le film le moins réussi**
> **l'actrice la plus difficile**

NOTE:
When one identifies where the person or thing is superlative (in the class, in the world, in the phonebook, for example), "in" is expressed by **de**:

> **l'étudiant le plus intelligent** *de la classe*; **le musicien le plus célèbre** *du monde*; **le plus long nom** *de l'annuaire.*

Exercice F. Formez le superlatif avec les mots entre parenthèses et *plus* ou *moins*. Faites attention à l'accord de l'adjectif.

> **Modèle :** (le rôle / important)
>
> *le rôle le moins important*

1. (la distance / grand) _____

2. (la musique / pur) _____

3. (le vol / rapide / monde) _____

   _____

4. (les avions / moderne) _____

5. (les liaisons / long) _____

6. (le service / connu / compagnies aériennes) _____

   _____

7. (les pilotes / sérieux / groupe) _____

_____

8. (la peinture / abstrait / collection) _____

_____

9. (la visite / inattendu / sa vie) _____

_____

10. (l'hôtesse de l'air / courageux / vol) _____

_____

2. A few adjectives have irregular forms in the comparative and superlative. They are:

Adjective	Comparative	Superlative
bon, bonne (good)	meilleur(e) (better)	le/la meilleur(e) (best)
mauvais(e) (bad)	pire or plus mauvais(e) (worse)	le/la pire le/la plus mauvais(e) (worst)

When **petit** is used to represent an abstract quality, the form is also irregular:

petit(e)   **moindre**   **le/la moindre**

Je n'ai pas *la moindre idée.*

Exercice G. Formez un superlatif logique en employant une des formes de *meilleur, pire* ou *moindre.*

Modèle :   Il n'a pas fait _____ effort.

Il n'a pas fait le moindre effort.

1. Mais je vous assure, c'est sans _____ importance.

2. C'était _____ voyage de ma vie.

3. Trouvez-moi _____ solution.

4. J'ai accepté son invitation sans _____ hésitation.

5. On trouve _____ liaisons chez AirGabon.

6. A mon avis c'est _____ exemple.

7. C'est _____ stage offert aux hôtesses de l'air.

Exercice H. Guinness Book of Records ! Feuilletez le *Guinness Book of Records* et identifiez un accomplissement superlatif dans les catégories suivantes.

      Modèle :   une montagne :

               La plus haute montagne de l'Europe est le mont Blanc.

1. un gratte-ciel : _____

_____

2. une course automobile : _____

_____

3. une femme : _____

_____

4. un bateau : _____

_____

5. un vol d'avion : _____

_____

6. un homme : _____

_____

7. un tour du monde : _____

_____

8. un match de tennis : _____

_____

ANSWERS TO WORKBOOK EXERCISES

WORKBOOK ANSWERS

LESSON ONE, MEMMI, *LA BASSINE*

A. 1. être   2. remercier   3. pouvoir   4. interrompre   5. croire   6. se mettre   7. briller
    8. accueillir   9. entendre   10. s'excuser

B. 2. sanglota   3. prodigua   5. découvrit   7. fut   10. recommencèrent   11. décou-
    vrîmes   14. entrèrent

C. *To be corrected in class or by the instructor.*

D. 1. ne la lui apportez pas.

    2. ne me le rendez pas.

    3. ne le leur envoie pas.

    4. ne vous en souvenez pas.

    5. ne vous en méfiez pas.

    6. ne les y mets pas.

    7. ne la lui écris pas.

E. *To be corrected in class or by the instructor.*

F. 1. dignement   2. Seulement   3. visiblement   4. Malheureusement   5. suffisam-
    ment   6. Doucement   7. méticuleusement   8. Brusquement   9. chaleureusement
    10. prudemment

LESSON TWO, PERRAULT, *LE PETIT CHAPERON ROUGE*

A. 1. répondre   2. avoir   3. manger   4. venir   5. se mettre   6. être

B. 1. imparfait   2. futur   3. *se jeter*   4. présent   5. imparfait   6. présent   7. *s'ouvrir*
    8. imparfait   9. *entendre*   10. imparfait   11. futur   12. *crier*

C. 1. Le loup la dévore en moins de rien.

    2. Il lui demanda où elle allait.

    3. Je vous en offre une.

    4. La petite fille s'adresse à eux.

    5. Il s'y est caché.

    6. Elle nous en envoie plusieurs.

    7. La grand-mère avait-elle besoin d'elle ?

    8. Elle y habite.

    9. Le loup la regarde-t-il ?

    10. Il ne s'y couche pas.

    11. Elle ne le lui a pas donné.

    12. L'a-t-on tué ?

    13. Nous allons les remplacer par un pronom.

    14. La mère y pense.

    15. Nous nous intéressons à elles.

D. 1. Nous ne les y voyons pas souvent.

    2. Elle m'en envoie.

    3. Apporte-les-lui.

    4. Elle avait envie d'en cueillir.

    5. Il vous y attendra.

    6. Elle y est arrivée tard.

    7. On y a heurté.

    8. N'ayez pas peur d'elle.

    9. Elle l'y a rencontré.

    10. Le loup voulait la manger.

Answers

11. Ne leur parlez pas.

12. Elle lui en a posé.

13. Elle n'en avait pas peur.

14. Apportez-nous-en.

15. Ne les y attendez pas.

E. *To be corrected in class or by the instructor.*

F. 1. Est-ce que tu te lèves tôt ?
   Est-ce que vous vous levez tôt ?

2. Comment s'appellent tes (vos) grands-parents ?

3. Où achètes-tu tes chaussures ?
   Où est-ce que vous achetez vos chaussures ?

4. Nettoyez-vous souvent votre chambre ?

5. Combien est-ce que tu paies tes livres de classe ?
   Combien payez-vous vos livres de classe ?

G. *(Here are some possible answers.)*

1. Non, je ne m'ennuie pas le dimanche.

2. J'emploie des œufs, de la farine, du sucre, du beurre, etc.

3. J'achète un bouquet deux fois par mois.

4. Oui, je me jette sur mon repas.

5. Oui, j'en envoie souvent.

6. Je paie 5.000 dollars.

H. *To be corrected in class or by the instructor.*

LESSON THREE, LA ROCHEFOUCAULD, *LES MAXIMES*

A. 1. L'amour n'est guère éternel.

2. Tu n'as vu personne.

3. Ne me réveillez jamais avant dix heures.

4. Etre ou ne plus être, voilà la question.

5. Il est dangereux de ne rien manger.

6. Je ne dis rien.

B. 1. Elle n'a jamais donné de bons conseils.

2. Personne n'admire l'honnêteté.

3. Nous ne déguisons point nos passions.

4. Elle ne plaît guère à ses voisins.

5. Tu ne pardonnes ni la colère ni le mensonge.

6. On ne m'a jamais appelé vertueux.

7. Il ne cherche plus les honnêtes gens.

C. *To be corrected in class or by the instructor.*

D. 1. Avec des _____ on court plus vite.

2. Le _____ nettoie plus propre que le _____ .

3. La glace est plus crémeuse que le yaourt.

4. Le public achète le _____ plus souvent que le _____ .

5. La _____ se vend mieux que la _____ .

6. Un livre de _____ fait rire plus souvent qu'un livre de _____ .

7. Un sonnet est moins long qu'un dictionnaire.

8. Los Angeles est plus grande que Boston.

 Answers

E. 1. A mon avis Whitney Houston chante mieux que Sinéad O'Connor. (ou vice versa)

2. A mon avis David Letterman est plus drôle que Dana Carvey. (ou vice versa)

3. _____ joue mieux que _____ .

4. Thomas est moins libéral que Marshall.

5. On lit Angelou moins souvent que Frost. (ou vice versa)

6. Le travail en plein air est mieux que le travail au bureau. (ou vice versa)

7. Le mariage offre *plus/moins* que la vie célibataire.

8. La compassion nous guide mieux que l'amour-propre.

9. Les grands mènent une vie plus privilégiée.

F. Par exemple, 1. Steve Martin 2. Tom Brokaw 3. Clinton, etc.

LESSON FOUR, VOLTAIRE, *HISTOIRE D'UN BON BRAMIN*

A. 1. Il n'a pas pu m'aider.

2. Son état m'a fait une vraie peine.

3. Ils ont été de mon avis.

4. J'ai vu la vieille bigote.

5. Elle n'a même pas compris la question.

6. Je suis revenu(e) à mon philosophe.

7. Ses réponses m'ont fait une grande impression.

8. Je leur ai proposé une solution.

9. La réponse lui a été cachée. *Or better:*

   On lui a caché la réponse.

10. Elle est partie pour la Mecque.

B. 1. Les enfants se sont couché(e)s à neuf heures.

2. Ils se sont rencontrés dans le jardin du philosophe.

3. Où est-ce que vous vous êtes marié(e)(s) ?

4. Voilà le cadeau qu'ils se sont acheté.

5. Elles se sont vues assez souvent au cinéma.

6. Les fanatiques se sont tués.

7. Nous nous sommes regardé(e)s avec surprise.

8. Ils se sont habillés après s'être levés.

C. 1. Le bon bramin les a compris.

2. Elle les lui a lus.

3. Il l'y a plongée.

4. Le bramin l'a reconnue.

5. Ils s'y sont retrouvés.

6. Les soldats y sont morts.

7. Où est-ce qu'elle en a acheté ?

8. La mère les a couchés de bonne heure.

D. 1. Elles se sont dit au revoir.

2. Nous nous sommes téléphoné hier.

3. Voilà les enfants que nous avons aidés.

4. Il nous a entendu(e)s.

5. Quels livres a-t-il achetés ?

6. Quand est-ce que ton pessimisme est né ?

7. Les philosophes se sont souvent écrit.

8. Les voisines se sont parlé de la condition humaine.

 Answers

E.   *(Here are some logical responses. Others are also possible.)*

   1. Je le trouve fort joli.

   2. Je le trouve trop violent.

   3. Je le trouve très sérieux.

   4. Je le trouve trop travailleur.

   5. Je la trouve bien chère.

   6. Je le trouve un peu compliqué.

   7. Je la trouve assez appétissante.

   8. Je le trouve fort beau.

F.   *(Here are some logical responses. Others are also possible.)*

   1. Nureyev était plein de grâce.

   2. Spielberg est plein de talent.

   3. Warhol était plein d'imagination.

   4. Tyson est plein de colère.

   5. Sills est pleine de finesse.

   6. Jackson est plein d'enthousiasme.

   7. Murphy est plein d'audace.

   8. Seles est pleine de vigueur.

G.   1. La mort, qui nous attend tous, est patiente.

   2. Le film dont Oliver Stone est le metteur en scène a été bien reçu.

   3. Le jardin que je vois d'ici est charmant.

   4. La vieille bigote, que je vois tous les jours, me fait pitié.

   5. Le philosophe dont tu parles habite derrière le moulin.

   6. Les voisins chez qui tu habites sont fort aimables.

7. Nous avons acheté deux petits terrains qu'un banquier a vendus.

8. Je viens de rencontrer un vieil ami qui ne manque de rien.

9. Les autres savants avec qui je parle sont de mon avis.

LESSON FIVE, BEAUNEZ, *LIVRET DE FAMILLE, 1+1=2*

A. 1. Il y a une vingtaine d'étudiants dans ma classe.

2. Je vois une trentaine de films par an.

3. J'ai acheté une dizaine de croissants.

4. Il y avait une centaine de spectateurs au concert.

5. Il a une quarantaine d'années (*or*) la quarantaine.

B. 1. Il a mis beaucoup de crème dans son café.

2. Combien de sucre a-t-il mis dans son yaourt ?

3. Elle a acheté assez de côtelettes pour toute la famille.

4. Elle a goûté la plupart des fruits.

5. Les petits ont dévoré bien des bonbons.

6. Mon frère fait peu d'achats.

7. Il lit trop de bandes dessinées.

8. Combien d'heures a-t-il passées à préparer le dîner ?

9. Mettez-vous un peu de sel sur la truite ?

10. La plupart des gens aiment les traditions. *or* Les gens aiment la plupart des traditions.

C. 1. Il en a mis beaucoup dans son café.

2. Combien en a-t-il mis dans son yaourt ?

3. Elle en a acheté assez pour toute la famille.

4. Elle en a goûté la plupart.

 Answers

5. Les petits en ont bien dévoré.

6. Mon frère en fait peu.

7. Il en lit trop.

8. Combien en a-t-il passé à préparer le dîner ?

9. En mettez-vous un peu sur la truite?

10. Les gens en aiment la plupart.

D. *(Here are some possible responses.)*

1. deux escalopes ou côtelettes de veau

2. deux kilos de tomates

3. trois côtelettes de porc

4. cents grammes de sucre

5. un litre de cidre

6. une tranche de camembert

E. *To be corrected in class or by the instructor.*

F. *(Several combinations are possible. Here are some examples.)*

1. un maire plein d'astuce

2. une musicienne pleine de talent

3. des danseuses pleines de souplesse

4. une institutrice pleine d'énergie

G. *(Here are some logical responses. Others are possible.)*

1. un fauteuil couvert de journaux

2. un bureau rempli/plein de documents

3. une table couverte de papiers

4. des murs couverts de tableaux

5. un vase plein/rempli de fleurs

6. une bibliothèque pleine/remplie de livres

H. 1. naïfs   2. actives   3. positive   4. australienne   5. canadiennes   6. moyenne
    7. travailleuses   8. autrichiens   9. italiennes   10. sportives

I. 1. nerveux   2. malheureux   3. furieuse   4. chers   5. fières   6. dernière   7. basse
    8. épaisses   9. grosses   10. vaniteuse

J. *To be corrected in class or by the instructor.*

K. *(Here are some logical responses. Other combinations are possible.)*

1. une pluie fraîche   2. la neige douce   3. les années brèves   4. mes disques
favoris   5. un vent sec   6. une maison blanche

LESSON SIX, DIALLO, *LE MENDIANT*

A. 1. Je dois 5.000 dollars à l'université pour mes frais d'inscription.

2. Je dois 200 francs à mon camarade de chambre. Je les lui ai empruntés.

3. Je dois 25 dollars à la bibliothèque pour les livres que j'ai rendus en retard.

4. Je dois un repas fabuleux à ma petite amie. C'est son anniversaire.

5. Je dois 300 dollars à la banque et à ma carte de Visa. C'est pour tous les cadeaux de Noël que j'ai achetés.

6. Je dois un coup de téléphone à ma mère pour lui expliquer ma note en zoologie.

7. Je dois une lettre à mon père. Il n'aime pas que j'utilise toujours le téléphone.

8. Je dois un grand « merci » à mes grands-parents. Ils m'ont prêté de l'argent pour mes frais d'inscription.

B. *(Here are some possible answers.)*

1. Mes copains me doivent une soirée au cinéma.

2. Mon frère/Ma sœur me doit une lettre.

3. Mon professeur me doit la composition que j'ai rendue la semaine dernière.

4. Vous me devez votre confiance.

5. Tu me dois un effort sincère.

C. *To be corrected in class or by the instructor.*

D. *To be corrected in class or by the instructor.*

E. 1. Sting a dû trouver des musiciens pleins de talent.

2. Oprah a dû émouvoir son public.

3. Ils ont dû économiser.

4. Einstein a dû poursuivre sa théorie jusqu'au bout.

5. Vespucci a dû espérer voir des terres inconnues.

F. 1. Elle était fatiguée après une longue journée de travail.

2. Son fils et elle, ils avaient très faim.

3. D'ailleurs ils dînaient chez eux tous les jours.

4. La ligne du restaurant était occupée.

5. [Il lui a dit qu'] ils voulaient réserver une table.

6. Ils avaient de la chance.

The **Version finale,** *incorporating both the* **passé composé** *and the* **imparfait,** *is to be corrected in class or by the instructor.*

G. 1. Un soldat anglais faisait son service militaire en Irlande.

2. Un groupe de terroristes irlandais a kidnappé et assassiné le soldat.

3. L'armée anglaise a découvert les terroristes et en a tué plusieurs.

4. Pourtant un des terroristes s'est échappé, s'est rendu à Londres et a trouvé la petite amie du soldat mort.

5. Le terroriste et la petite amie commencent à se respecter, peut-être à s'aimer.

*The **Version finale** to be corrected in class.*

H. 1. Après avoir passé une journée très chargée, elle s'est reposée le soir.

2. Après avoir vidé le carton, tu l'as jeté.

3. Après s'être fâchés, ils se sont réconciliés.

4. Après avoir parlé avec eux, elle s'en est allée.

5. Après avoir découvert le moribond, il a téléphoné à la police.

6. Après avoir promené le chien, vous vous êtes couché(e).

7. Après être arrivés à la plage, ils ont nagé dans la mer.

8. Ces revues ? Après les avoir lues, je les ai données à Martin.

9. Mes amis ? Après leur avoir écrit, j'ai mis les lettres à la poste.

10. Après nous être parlé, nous nous sommes quittés.

I. 1. Il a fait une promenade avant de se coucher.

2. Ils se sont vus souvent avant de se saluer.

3. Avant de l'embrasser, elle lui a souri.

4. Avant d'aller chercher son journal, il est resté quelques moments devant la maison.

5. Avant de tomber malade, le mendiant cherchait la dame au foulard.

LESSON SEVEN, DESNOS, *LA COLOMBE DE L'ARCHE*

A. 1. qui   5. dont

2. dont   6. qui

3. que   7. qui

4. qu'   8. dont

B. *(Here are some possible combinations.)*

1. dont j'ai lu la moitié
2. dont j'ai parlé
3. dont je t'ai écrit
4. dont je suis fier/fière
5. dont il a honte
6. dont je connais le fils
7. dont je me souviens
8. dont j'ai besoin
9. dont je me sers
10. dont ils sont si contents

C. 1. J'ai trouvé le papier sur lequel j'avais écrit son adresse.

2. J'ai perdu mes lunettes sans lesquelles je ne peux rien voir.

3. Voilà le stylo avec lequel il m'a écrit.

4. Regardez le lit dans lequel Washington a dormi.

   or: le lit où Washington a dormi.

5. Je vois le forgeron avec qui ma cousine s'est mariée.

6. Tu as remarqué l'indifférence avec laquelle il travaille ?

7. C'est un vaste sujet auquel nous nous intéressons vivement.

8. Regarde cette peinture pour laquelle j'ai payé une fortune.

9. Voilà les vieux villageois à qui j'ai parlé hier.

10. Le skieur glissait vers les gros arbres derrière lesquels il a disparu.

D. 1. C'est mon fils cadet dont je m'inquiète le plus.

2. Où est l'examen que le prof m'a rendu hier ?

3. Voilà le chêne dans lequel (où) j'ai caché une lettre secrète.

4. J'aime la colombe que je vois perchée sur l'arche.

5. C'est mon mari qui ne fume plus sa pipe.

6. C'est le professeur à qui je viens de parler.

7. C'est le professeur que je viens de voir.

8. C'est le professeur dont je viens de parler.

9. C'est le professeur sur qui je compte.

E. (*Here are some logical endings for the sentences. Others are possible.*)

1. c   6. f

2. g   7. b

3. i   8. a

4. d   9. j

5. e   10. h

LESSON EIGHT, WARNER-VIEYRA, *L'OMBRE VENANT DU PONT*

A. 1. Leurs mères, elles, se connaissent depuis des années.

2. Ti-Jo et Jojo, eux, ne se sont jamais réconciliés.

3. Toi, tu sors tous les jours.

4. Nous, nous l'avons vu hier soir au glacier du quartier.

5. Moi, je n'y comprends rien.

B. 1. Je partage un appartement avec elle.

2. C'étaient eux qui parlaient doucement.

3. Elle.

4. Nous, nous avons assez de ces bêtises !

5. Ce bouquet est pour vous.

6. Eux, ils vont déménager. (*or*) Ils vont déménager, eux.

7. L'assassin, lui, ne regrettait pas son crime.

8. Eux, ils n'ont rien entendu. (*or*) Ils n'ont rien entendu, eux.

C. *To be corrected in class or by the instructor.*

D. *(Here are some possible responses.)*

1. Il l'y a invitée parce qu'il voulait essayer son indépendance.

2. Puisqu'ils s'aimaient, ils se sont mariés.

3. Il restait sur le palier parce que Jojo avait fermé la porte à clef.

4. Il y est allé car il cherchait des cigarettes.

5. Il lui est important parce que c'était la cause de sa mort.

6. On en parle si souvent car il marque le début et la dissolution du mariage de Ti-Jo et Jojo.

E. *(Here are some possible answers.)*

1. Nous avons une dette nationale énorme parce que nous avons dépensé trop d'argent pendant trop longtemps.

2. Puisque les Français ont voulu/voulaient améliorer les conditions économiques, ils ont voté contre les Socialistes cette fois.

3. C'est parce que, après le coup d'état, on avait peur des représailles.

4. C'est parce qu'elle attire la curiosité du public.

5. On a choisi Boris Yeltsin comme président parce que les Russes étaient mécontents de l'ancien système.

F. 1. Elle ne va pas à Paris cet hiver faute d'argent.

2. Je peux m'acheter une petite voiture grâce à un cadeau généreux (de mes grands-parents).

3. Ti-Jo est mort à cause de son égoïsme.

4. L'enfant a réussi à l'école grâce à son intelligence.

5. Il n'a pas de voiture à cause d'un accident.

6. Nous restons chez nous faute d'invitations.

7. Grâce au beau temps, nous pourrons faire un pique-nique.

8. Je suis guéri(e) grâce aux soins médicaux.

9. Ils ont tout perdu à cause d'un incendie.

10. Je m'enfonce dans des dettes faute de discipline.

LESSON NINE, SALLENAVE, *UNE LETTRE*

A. 1. Angélique fera servir du champagne.

2. Vous faites cultiver votre jardin.

3. On fait faire un gâteau pour la fête.

4. M. Poirier fait chercher le médecin.

5. J'ai fait noter tout cela à ma belle-fille.

6. Marie fait réveiller les enfants tout de suite le matin.

7. J'ai fait mettre la table devant la fenêtre.

8. Elle fait encadrer cette jolie peinture qu'elle a reçue.

9. On fera réparer la route au mois de juin.

10. Je faisais emmener les enfants à la pêche chaque week-end.

B. 1. On fait préparer le dîner au cuisinier.

2. Faites-vous écrire une critique du roman au journaliste ?

3. Elle a fait faire cette robe à la couturière.

4. Nous faisons préparer un beau couscous au cuisinier.

5. Elle fera couper le grand chêne aux bûcherons.

6. Avez-vous fait planter des peupliers au jardinier ?

7. Je ferai acheter mes provisions à mon mari demain.

8. Mme Donelle fait rapporter un joli foulard de la Grèce à (*or* par) sa voisine.

9. M. Dumond fait construire une route aux ouvriers.

10. Le médecin fait soigner le malade à l'infirmier.

 Answers

C. 1. Non, je fais réparer mon poste de télévision.

2. Oui, je les fais savoir à mes parents.

3. Non, je fais faire mes vêtements.

4. Oui, je fais venir le médecin. Non, je ne fais pas venir le médecin.

5. Non, je fais déménager mes meubles.

6. Non, je fais laver ma voiture.

D. 1. On l'a fait envoyer.

2. On la leur era répéter.

3. Nous la lui avons fait réparer.

4. Elle les a fait savoir.

5. Nous la faisons venir.

6. On la leur fait payer.

7. Je les ai fait nettoyer.

8. Tu la lui fais conduire.

E. 1. Mon secrétaire fait envoyer un bouquet de fleurs.

2. Je fais venir l'infirmière.

3. Je lui fais acheter des provisions.

4. On a bloqué la route et m'a fait attendre.

5. Je fais laver les fenêtres, balayer et arranger les placards.

F. *To be corrected in class or by the instructor.*

G. *(Here are some possible answers.)*

1. Je suis étudiant(e) depuis 1993.

2. Ça fait quinze ans qu'ils habitent là-bas.

3. J'étudie le français depuis septembre.

4. J'étudie le français depuis quatre ans.

5. Je l'habite depuis août 1990.

6. Voilà vingt ans que j'habite chez mes parents.

7. Je n'ai pas été chez le médecin depuis trois ans.

8. J'ai mon permis de conduire depuis 1988.

H. *(Here are some possible questions. You might formulate others.)*

1. Ça fait combien de temps que vous habitez ici, Madame ? Depuis combien de temps habitez-vous ici, Madame ?

2. Et depuis quand est-ce que vous êtes installée dans votre nouvelle chambre ?

3. Et le tricot ? Vous faites du tricot depuis quand ? Depuis quand faites-vous du tricot ?

4. Vous connaissez «les sœurs» depuis votre arrivée ici ?

5. Depuis combien de temps est-ce qu'on est en train de réparer la route de la Mayenne ?

6. Depuis combien de temps n'avez-vous pas visité la ville ? Ça fait combien de temps que vous n'avez pas visité la ville ?

7. Depuis combien de temps n'avez-vous pas vu votre fils ? Y a-t-il longtemps que vous n'avez pas vu votre fils ? Voyez-vous souvent votre fils ?

8. Depuis quand avez-vous vue sur la Mayenne ?

9. Ça fait combien de temps que vous lisez les romans de Thomas Hardy ? Depuis combien de temps lisez-vous les romans de Hardy ?

10. Depuis quand vos enfants voyagent-ils ?

LESSON TEN, MICHAUX, *PLUME AU RESTAURANT*

A. 1. adjectif   4. adjectif

   2. verbe   5. adjectif

   3. verbe   6. verbe

B. *Some examples include . . .*

1. étant pressé

2. pensant que peut-être il y en avait (des côtelettes)

3. relevant les yeux

4. en revenant du bureau

5. ayant devant lui (la côtelette)

6. le poussant brutalement

C.
1. étant
2. entendant
3. finissant
4. se dépêchant
5. courant
6. ayant
7. étant
8. sachant
9. arrivant
10. s'essuyant

D.
1. Reading is very difficult for me.

2. Traveling is expensive and tiring.

3. Studying is the student's duty/responsibility.

E. 1. serais 2. aurait 3. était 4. ferais 5. partiez 6. montrait 7. n'existait pas
8. serait 9. feriez

F. *To be corrected in class or by the instructor.*

G. *To be corrected in class or by the instructor.*

H.
1. j'aurais payé

2. vous m'auriez prévenu

3. nous avions essayé

4. je n'aurais jamais choisi

5. elle se serait fâchée

6. j'avais refusé

7. j'aurais pu

8. on vous aurait mis en prison

I. 1. sortirais   6. répondrai

    2. avais eu   7. pleut

    3. aiderai   8. serions restés

    4. parlerais   9. ne pourrions pas

    5. aurais parlé   10. serais

J. *To be corrected in class or by the instructor.*

LESSON ELEVEN, CARELMAN, *LES OBJETS INTROUVABLES*

A. *To be corrected in class or by the instructor.*

B. 1. il suffit   4. il suffit

    2. il paraît   5. il paraît

    3. il paraît   6. il suffit

C. 1. P   2. N   3. N   4. P   5. N   6. P

D. 1. Les ouvriers peuvent soit accepter soit refuser le contrat. (*or* ou… ou)

    2. Elle ne veut ni lui écrire ni lui parler.

    3. Hamlet se dit : Ou je suis ou je ne suis pas.

    4. Nous nous mettrons en route soit à midi soit à 4 heures. (*or* ou… ou)

    5. Tu peux écrire soit la mélodie soit les paroles. (*or* ou… ou)

    6. Ni le maître d'hôtel ni le commandant ne sont contents.

E. *(To be corrected in class or by the instructor. Here are some possible answers.)*

  1. Je préfère soit le thé soit le chocolat.

  2. Soit Philippe soit Alice viendra me chercher.

  3. Il faut être ou studieux ou intelligent ou ambitieux.

  4. Je n'ai vu ni Pierre ni Paule.

  5. J'habiterai soit à La Nouvelle-Orléans soit à Detroit.

  6. Je ne sais pas encore. Ou travailler chez mon oncle ou m'inscrire aux cours d'été.

F. *(Here are some possible responses.)*

  1. Une cuillère à soupe sert à manger de la soupe.

  2. Une machine à écrire sert à écrire des lettres.

  3. Un fer à repasser sert à repasser des vêtements.

  4. C'est un sac attaché au dos où vous mettez vos affaires.

  5. C'est du poulet préparé avec des tranches d'oranges.

  6. C'est un gâteau fait avec des noisettes.

  7. C'est une salade à la menthe. *(or)* C'est une salade où on met des feuilles de menthe.

G. *(Here are some possible answers.)*

  1. une maison de pierre

  2. un rideau de coton

  3. un pneu de caoutchouc

  4. un cadre d'or

  5. un foulard de soie

H. *(Here are some logical combinations. Others are possible.)*

  1. un agent de police

  2. un hôtel de ville *(city hall)*

3. un maître d'hôtel

4. des personnes de génie/de courage

5. un homme d'affaires (*businessman*)

6. un verre de lait

7. une agence de voyages

8. un officier d'artillerie

9. un pot de crème

10. un chemin de fer (*railroad*)

LESSON TWELVE, TREMBLAY, *ANGUS OU LA LUNE VAMPIRE*

A. 1. … je vais rester chez moi.

2. … ils vont venir nous voir.

3. Un malheur va nous arriver.

4. … je vais prendre le train à 10 heures.

5. … nous n'allons pas dîner au restaurant universitaire.

B. 1. ils obéiront

2. nous regarderons

3. on rira

4. direz-vous ?

5. je résisterai

6. tu pâliras

7. elle s'introduira

8. nous sortirons

9. je revivrai

10. il me laissera

C. 1. je me souviendrai

2. tu verras

3. nous seuls saurons

4. il aura

5. elle sera

6. perdra-t-elle ?

7. nous pourrons

8. Angus souffrira

9. mourra-t-elle ?

10. je ferai

D. *To be corrected in class or by the instructor.*

E. *(Here are some appropriate responses. Others are possible.)*

1. Nous paierons mille dollars les frais d'inscription.

2. Les étudiants étrangers viendront surtout d'Asie.

3. On se servira des ordinateurs dans toutes les classes.

4. Les spécialités préférées à l'université seront l'écologie, la communication, etc.

5. La plupart des étudiants feront un stage dans une entreprise/une école/etc.

F. 1. Aussitôt que les visiteurs sonneront,…

2. Lorsqu'elle me verra,…

3. Quand le train arrivera…

4. … dès que tu entendras cette histoire.

5. … quand vous serez plus calme.

6. Dès que nous retrouverons notre clé,…

7. … quand vous atteindrez le sommet.

8. Dès qu'elle parlera moins fort…

G. *(Here are some possible responses to the questions.)*

1. J'aurai déjà complété cet exercice.
   J'aurai passé le week-end à Toulouse.
   Je serai déjà arrivé(e) à l'université.

2. J'aurai gagné trois mille francs à la loterie nationale.
   J'aurai visité le Pérou.

3. J'aurai déjà acheté mes cadeaux de Noël.

4. J'aurai étudié plusieurs heures.

5. J'aurai cherché du travail.
   J'en aurai demandé à ma tante.

6. Nous serons allé(e)s en ville.

   Je serai allé(e) en ville.

7. Je me serai brossé les dents.

8. J'aurai passé mes examens et j'aurai fait mes valises.

   J'aurai déménagé mon appartement.

H. (*Here are some possible combinations.*)

1. Nous avons dit que nous lui montrerions le passage.

2. As-tu compris que les routes seraient toutes bloquées ?

3. Il n'a pas mentionné que le train partirait en retard.

4. Je lui ai expliqué que le dîner serait servi à 8 heures.

5. Elle nous a dit qu'on nous rendrait la voiture à midi.

6. On m'a assuré que la bête ne se jetterait pas sur nous.

7. Je leur ai dit qu'il ne nous attaquerait pas.

LESSON THIRTEEN, TZARA, *POUR FAIRE UN POEME DADAISTE*

A. 1. ce journal 2. ces coupures 3. ce poème 4. cet écrivain 5. ces mots 6. cette longueur 7. cet article 8. ces ciseaux 9. cet ordre

B. 1. ce petit gâteau-là 2. ces petits fours-là 3. cette tarte aux pommes-là 4. ces petits pains-là 5. ce pain de campagne-là 6. ce melon-ci, ce melon-là (*or vice-versa*) 7. cette pastèque-ci, cette pastèque-là (*or vice-versa*) 8. ces cerises-là, ces cerises-ci (*or vice-versa*)

C. 1. cette longueur 2. cette côtelette 3. ces ciseaux 4. cet auteur 5. ces deux sacs; ce sac-là ou ce sac-ci (*or vice-versa*) 6. cet arbre-ci, cet arbre-là 7. ces mots 8. ces ordres 9. cet article 10. cet homme

D. 1. ces pommes-là 2. cette coupe-ci 3. ce groupe-ci 4. ce disque-là 5. ces chaussures-là 6. cette journaliste-ci 7. cette tranche-là 8. cet avion-là

E. 1. un tricot de cachemire   2. un veston d'Armani   3. des chaussures de sport   **4. des collants**   5. de la pâte dentifrice   6. du shampooing   7. du savon   8. un bâton de rouge à lèvres   9. du fixatif   10. des disques compacts   11. un ordinateur   12. un vidéoscope   13. une chaîne-stéréo   14. des cassettes vidéo

F. *To be corrected in class or by the instructor.*

G. 1. Moi aussi, je fais un voyage.

    Moi, je ne fais pas de voyage.

    2. J'achète aussi une voiture.

    Moi, je n'achète pas de voiture.

    3. Je crée aussi des poèmes.

    Je ne crée jamais de poèmes.

    4. Je visite aussi des villes célèbres pour leur cuisine.

    Je ne visite pas des villes célèbres pour leur cuisine.

    5. Je n'ai pas de rendez-vous chez le docteur Thomassen.

    6. Je ne retrouve pas souvent des amis de l'école secondaire.

    Je retrouve souvent des amis de l'école secondaire.

    7. Moi, je rends des livres sortis de la bibliothèque.

    Je ne rends pas des livres sortis de la bibliothèque.

    8. Moi aussi, je m'achète du parfum.

    Je ne m'achète pas de parfum.

    9. Moi aussi, j'écris des lettres.

    Moi, je n'écris pas de lettes.

    10. Moi aussi, je bois du thé glacé.

    Moi, je ne bois jamais de thé glacé.

H. 1. peu de clients

    2. la plupart des journaux

3. trop de confiture

4. si peu de problèmes

5. tant d'angoisse

6. un flot de sang rouge

7. beaucoup de téléphones

8. bien des becs d'oiseau

LESSON FOURTEEN, OBALDIA, *LE DEFUNT*

A. 1. objet 2. objet 3. sujet 4. objet 5. objet 6. objet 7. objet 8. sujet 9. sujet 10. objet

B. 1. cela 2. tu 3. (sujet) 4. ces deux femmes 5. vous 6. il 7. tu 8. (sujet) 9. (sujet) 10. il

C. (*Here are some possible responses.*)

1. Q: Que signifie « ponctuel » ?
   R: Cela signifie qu'on n'arrive pas en retard.

2. Q: Qu'est-ce qu' « une épreuve » ?
   R: C'est un essai ou un malheur.

3. Q: Que veut dire « s'emparer de quelque chose » ?
   R: Ça veut dire saisir.

4. Q: Qu'est-ce qu' « une veuve » ?
   R: C'est une femme dont le mari est mort.

5. Q: Qu'est-ce qu' « un défunt » ?
   R: C'est quelqu'un qui vient de mourir.

6. Q: Que signifie « un enterrement » ?
   R: C'est quand on vous met dans la tombe.

Answers

D. 1. Que

    2. Qu'est-ce qu'

    3. Qu'est-ce qu'une caille ?
       Que signifie « une caille » ?
       Que veut dire « une caille » ?

    4. Qu'est-ce qui

    5. Qu'est-ce qui

    6. Qu'est-ce qui

    7. Qu'est-ce qu'

    8. Que

    9. Qu'

    10. Qu'est-ce qui

E. 1. De quoi a-t-il peur ?

    2. De quoi a-t-elle besoin ?

    3. Contre quoi se fâchent-ils ?

    4. De quoi a-t-elle parlé ?

    5. A quoi sert cette machine ?

F. 1. quelles   2. quelle   3. quels   4. quelles   5. quelle   6. quelle   7. quel   8. quel

G. 1. Qu'est-ce qu'il faut envoyer ?
       Que faut-il envoyer ?

    2. De quoi est-ce que les petites filles ont envie ?
       De quoi les petites filles ont-elles envie ?

    3. Qu'est-ce qui nous tue ?

    4. Qu'est-ce que tu vas (vous allez) vendre ?

5. De quoi est-ce que votre grand-mère vous a déjà parlé ?

   De quoi votre grand-mère vous a-t-elle déjà parlé ?

6. Qu'est-ce qui vous réveille le matin ?

7. Qu'est-ce que nous avons lu ? Qu'est-ce que vous avez lu ?

   Qu'avons-nous lu ? Qu'avez-vous lu ?

8. Qu'est-ce que Julie va porter ?

   Que Julie va-t-elle porter ?

9. Avec quoi est-ce qu'elle va la porter ?

   Avec quoi va-t-elle la porter ?

10. Quel est un synonyme de « plaît-il » ?

H. 1. celle 2. celui 3. ceux 4. celui-là 5. ceux-ci; ceux-là 6. ceux-là 7. celui-là; celui-ci 8. celle 9. celles 10. celui

I. *To be corrected in class or by the instructor.*

J. 1. Celle sur laquelle il a mis les assiettes.

   2. Celle devant laquelle il a stationné.

   3. Celui qu'elle a cassé.

   4. Celles qui jouaient avec leurs ami(e)s.

   5. Ceux avec qui il jouait au baseball.

   6. Ceux qui courent après les voitures.

   7. Ceux que vous avez vus dans la pièce.

   8. Celle qui allait renoncer à l'école.

   9. Celui sur qui je peux toujours compter.

   10. Celle qui me donne beaucoup de plaisir. *(ou)*

       Celle qui me plaît beaucoup.

LESSON FIFTEEN, LALONDE, *SPEAK WHITE*

A.   1. A   2. A   3. A   4. B   5. A   6. B   7. B

B.   1. C'est le Canada.

2. Ce sont les Etats-Unis.

3. C'est le Canada.

4. C'est le Mississippi.

5. C'est le Québec.

6. C'est l'Amérique du nord.

7. C'est le/la/l'/ Ce sont les _____.

8. C'est le/la/l'/ Ce sont les _____.

9. C'est la Méditerranée.

10. Ce sont le français, l'allemand, le flamand, l'italien.

C.   1. le général MacArthur

2. le président Roosevelt

3. la reine Marie Antoinette

4. le premier ministre Churchill

5. le président/le général Washington

6. la physicienne Marie Curie

7. le roi Louis XIV

8. l'empereur Napoléon

9. le premier ministre Chou En-Lai

10. le président/le général de Gaulle

D.   1. C'est le mont Blanc.

2. C'est l'Afrique.

3. C'est le petit chaperon rouge.

4. C'est la France.

5. C'est le docteur Jonas Salk.

6. C'est l'Angleterre.

7. C'est le premier avril.

8. C'est le 14 juillet.

9. C'est le premier novembre.

10. C'est le président Mitterrand.

E. *To be corrected in class or by the instructor.*

F. *To be corrected in class or by the instructor.*

G. *(Here are some possible answers. You might have others.)*

1. J'ai planté quelques fleurs. *(or)*
   J'en ai planté quelques-unes.

2. J'ai écrit plusieurs compositions. *(or)*
   J'en ai écrit plusieurs.

3. Chacun a payé 100 francs.

4. J'ai lu quelques-uns de ces livres. *(or)* J'en ai lu quelques-uns.

5. Je reçois plusieurs lettres. *(or)* J'en reçois plusieurs.

6. J'ai vu quelques films. *(or)* J'en ai vu quelques-uns.

7. Chacun paie son billet.

8. Je reverrai quelques professeurs. *(or)*
   J'en reverrai quelques-uns.

9. Je vendrai plusieurs livres. *(or)*
   J'en vendrai plusieurs.

 Answers

10. J'y vais plusieurs fois chaque semaine.

LESSON SIXTEEN, BALAVOINE, *L'AZIZA*

A. 1. je les avais vus

2. elle s'était levée

3. nous ne l'avions pas lu

4. tu étais tombé(e)

5. n'étiez-vous pas entré(e)(s) *(or)* est-ce que vous n'étiez pas entré(e)(s)

6. s'étaient-ils couchés *(or)* est-ce qu'ils s'étaient couchés

7. elle n'avait pas mangé

8. on l'avait cherché

9. on ne les avait pas trouvé(e)s

10. nous nous étions rencontré(e)s

11. elle lui avait écrit

12. j'étais parti(e)

B. 1. J'ai cassé le verre que tu m'avais donné avant-hier.

2. Il a fini la composition que son professeur lui avait dit d'écrire.

3. Elle portait le tricot que sa grand-mère lui avait fait.

4. Les bûcherons que nous avons rencontrés avaient tué le loup. *(or)* Nous avons rencontré les bûcherons qui avaient tué le loup.

5. Tu as acheté cette maison que ton père avait fait construire.

C. *(Here are some possible responses.)*

1. J'avais fini tout mon travail avant de me reposer.

2. Avant de nous mettre à table, nous avions préparé le repas.

3. J'avais regardé les dernières nouvelles à la télé avant de me coucher.

4. J'avais déjà décidé de changer de spécialité avant d'arriver à l'université en septembre.

5. Avant d'écrire mon examen, j'avais passé des heures à étudier mes notes.

6. Avant de partir pour la Floride, nous avions acheté de nouveaux maillots de bain.

D. 1. avait perdu   2. étaient morts   3. avait avoué   4. avait cessé

E. 1. Aziza venait de mettre son étoile jaune. *(had just put on . . .)*

2. Elle venait de traverser le parc. *(had just crossed . . .)*

3. Nous venions de voir une étoile jaune. *(had just seen . . .)*

4. Tu venais de danser avec elle. *(you had just danced . . .)*

F. *(Here are some possible responses.)*

1. Elle venait de se faire mal.

2. Je venais de le tromper.

3. Ils venaient de m'inviter à un concert.

4. Quelqu'un venait d'entrer dans ma maison.

5. Je venais de terminer une longue composition.

G. *To be corrected in class.*

H. *To be corrected in class or by the instructor.*

I. *To be corrected in class or by the instructor.*

J. *To be corrected in class or by the instructor.*

LESSON SEVENTEEN, LEWINO ET SCHNAPP, *L'IMAGINATION AU POUVOIR*

A. *To be corrected in class or by the instructor.*

B. (Here are some logical answers. Others are possible.)

1. Les autorités interdisent les allumettes au pyromane.

2. Le médecin interdit le sucre au diabétique.

3. Son médecin défend les drogues/l'alcool à la femme enceinte.

4. Les parents défendent aux adolescents de rentrer à trois heures du matin.

5. La patronne du café interdit au client de boire trop de vin.

6. Il est interdit aux moins-de-18-ans d'acheter des cigarettes.

7. La constitution interdit au président de déclarer la guerre.

8. Son psychiatre défend à l'agoraphobe d'entrer dans des centres commerciaux.

C. (Here are some possible answers.)

1. Défense de fumer.

2. Entrée interdite.

3. Je vous défends de courir dans le couloir.

4. Il ne faut pas marcher sur les fleurs.

5. Défense de vieillir !

6. Défense d'afficher.

7. Je vous défends de m'insulter comme ça.

8. On nous défend de dépasser la zone de construction.

D. 1. Pourriez-vous me chercher mon manteau ?

2. Je suggère que nous dînions ensemble.

3. Il vaut mieux ne pas sortir s'il pleut. (or) …que tu ne sortes pas

4. Pourriez-vous venir me voir demain ?

5. Il vaut mieux ne pas parler comme ça. (or) …que vous ne parliez pas

6. Veuillez remplir le formulaire.

7. Je suggère que tu ne caches pas tes rêves.

8. Je vous conseille de prendre deux aspirines chaque jour.

9. Il vaut mieux se coucher avant minuit. (*or*) Il vaut mieux que vous vous couchiez avant minuit.

10. Pourriez-vous me téléphoner ce soir ?

E. 1. son opinion 2. son ami 3. ses articles 4. son adresse 5. son affiche 6. son syndicat 7. son activité favorite 8. sa réaction 9. son université 10. son appartement

F. 1. leur grève 2. leurs conditions de travail 3. leur salaire 4. leurs heures de travail 5. sa famille 6. ses enfants 7. sa femme 8. sa chambre

LESSON EIGHTEEN, *POETES DE LA NEGRITUDE*

A. 1.

a. j'avais b. je nageais c. je courais d. il jouait e. on travaillait f. C'était g. la vie a changé h. les coloniaux sont arrivés i. le soleil a semblé j. la voix de mon père s'est éteinte k. je me suis senti(e) l. nos tam-tams ont perdu

A. 2.

a. nous nagions b. il y avait des crocodiles c. c'était assez dangereux d. un crocodile m'a attaqué(e) e. je l'ai vu f. j'ai eu très peur g. j'ai nagé h. a eu beau i. je suis arrivé(e) j. j'étais

B. 1. vous finirez à l'heure.

2. nous nous trompons.

3. tu fasses la sieste.

4. la famille ait à manger.

5. aller pieds-nus ?

6. nous tombions ?

7. devenir un monsieur de la ville.

8. les touristes flânent le long des sentiers.

9. jusqu'à ce que vous arriviez.

10. rester ici.

C. 1. pleurera 2. serez 3. cessera 4. te lèveras 5. descendras 6. voteras 7. Te mettras 8. se révolteront

D. 1. sauverai 2. viendras 3. portes 4. feras 5. est 6. aura

E. *To be corrected in class or by the instructor.*

LESSON NINETEEN, ROY, *POUR EMPECHER UN MARIAGE*

A. 1. Je me rappelle toujours le voyage en Saskatchewan.

2. Ma mère et moi, nous nous sommes levé(e)s de bonne heure le matin de notre départ.

3. Nous allions nous mettre en route vers huit heures.

4. Nous nous parlions quand tout à coup le train s'est arrêté.

5. Si je ne me trompe pas, le voyage s'est bien passé malgré quelques inconvénients.

6. Je me suis bien amusé(e).

7. Ma sœur et mon beau-frère se comprennent bien.

8. Je sais qu'ils s'aimeront pour toujours.

B. 1. Couche-toi.

2. Amusons-nous.

3. Ne vous dépêchez pas.

4. Repose-toi.

5. Ne te lève pas avant neuf heures.

6. Brosse-toi les dents.

7. Ne vous inquiétez pas.

8. Promenons-nous à la plage.

C. *To be corrected in class or by the instructor.*

D. *To be corrected in class or by the instructor.*

E. 1. résistaient 2. dormais 3. se parlaient 4. essayait 5. sommes arrivé(e)s 6. connaissait 7. écoutais 8. a terminé

F. *(If you use a synonym for the terms given below* [**depuis, il y a… que, voilà… que, ça fait… que**]*, there may be a change in the word order. See the examples in the workbook.)*

1. Je regardais le paysage depuis des heures quand la lune s'est levée.

2. Les Doukhobors ont brûlé le pont il y a deux jours.

3. Les jeunes gens dansaient le tango depuis longtemps quand je me suis endormi(e).

4. Ça fait trois heures que nous attendons le prochain train.

5. Je n'ai pas parlé à ma sœur depuis deux semaines.

6. Elle a fait la connaissance du jeune homme il y a sept mois.

7. Mes parents discutaient la situation depuis des jours quand ils ont décidé que j'accompagnerais Maman.

8. Georgianna et Jacques se sont mariés il y a vingt-cinq ans.

G. 1. ce qui 2. ce que 3. Ce que 4. ce dont 5. ce que 6. Ce qui 7. ce qui 8. ce que

H. *To be corrected in class or by the instructor.*

LESSON TWENTY, DAUDET, *LA DERNIERE CLASSE*

A. Toute la clase; tous les grands; tout le travail; toutes leurs leçons; tout l'été.

B. 1. ...ils étaient tout seuls.   2. La directrice est tout étonnée   3. tout fatigué
4. tout bruyants   5. tout doucement.

C. 1. tout   2. tous   3. tout   4. toutes

D. 1. Tous aiment ces deux professeurs.

2. Tous les deux sont intéressants et expliquent bien les leçons.

3. Toute la classe est intelligente.

4. Tous les étudiants comprennent tout.

5. Ils vivent tous ensemble dans une vieille maison.

E. 1. Je préfère quelqu'un de sympathique.

2. Quelque chose de différent s'est passé.

3. Non, il n'y avait personne d'intéressant. (*or*)
Je n'ai vu personne d'intéressant.

4. Rien d'extraordinaire.

F. (*Here are some examples of answers to the questions.*)

1. J'ai vu quelque chose d'étonnant.

2. Je préfère quelqu'un d'imaginatif.

3. Je m'ennuie quand on ne discute rien d'intéressant.

4. C'est quelqu'un de patient et d'organisé.

G. 1. c   2. b   3. b   4. a   5. b   6. c   7. c   8. a   9. c   10. a

H. A présent; tous les jours; à peine; Du reste; de nouveau.

I. *To be corrected in class or by the instructor.*

LESSON TWENTY-ONE, BRETECHER, *JOUONS AU TAS*

A. 1. Qui joue pendant la récréation ?

2. De quoi les professeurs parlent-ils ? *(or)* De quoi est-ce que les professeurs parlent ?

3. Avec qui est-ce que Jacques joue ? *(or)* Avec qui Jacques joue-t-il ?

4. Avec quoi la mère a-t-elle coupé les ongles de sa fille ? *(or)* Avec quoi est-ce que la mère a coupé les ongles… ?

5. Qui ont-ils vu au café ? *(or)* Qui est-ce qu'ils ont vu au café ?

6. Qui fait un petit chaperon rouge ?

7. A quoi est-ce que tous les enfants aimaient jouer ? *(or)* A quoi tous les enfants aimaient-ils jouer ?

8. Qui est-ce que Lætitia cherchait ? *(or)* Qui Lætitia cherchait-elle ?

9. A quoi servent les ciseaux ? *(or)* A quoi les ciseaux servent-ils ? *(or)* A quoi est-ce que les ciseaux servent ?

B. *To be corrected in class or by the instructor.*

C. *(Only one form of the question is given here; however, other forms are also appropriate.)*

1. Où est-ce que Madame l'ambassadrice arrive ?

2. Quand arrive-t-elle ?

3. Combien de personnes y a-t-il dans son entourage ?

4. Comment la fêterez-vous ?

5. Combien de temps le vol dure-t-il ?

6. Où atterrit l'avion ?

7. Quand est-ce que le premier ministre prononcera son discours ?

8. Pourquoi vient-elle ici, l'ambassadrice ?

D. *To be corrected in class or by the instructor.*

Answers

E.   *To be corrected in class or by the instructor.*

F.   1. Lætitia se coupe les ongles.

2. Ils ont les cheveux roux.

3. Il lave ses mains couvertes d'encre.

4. Ils ont baissé les yeux.

5. Le sculpteur leur montrera ses mains.

6. Il s'est cassé la jambe.

G.   1. Elle n'ouvre jamais la bouche.

2. Je vais me laver les cheveux.

3. Non, sa mère lui coupe les ongles.

4. Le dentiste me conseille de me brosser les dents trois fois par jour.

5. Non, j'ai les ongles cassés.

6. J'ouvre la bouche bien grand (**grand** *is an adverb here, and thus invariable*).

7. Il a levé la main droite en signe de victoire.

8. Il se lèche les lèvres.

LESSON TWENTY-TWO, LA GENERATION COCON

A.   1. séduisante   2. sportif   3. sérieuse   4. sympathique   5. cultivée   6. curieux
7. petite   8. content

B.   1. Nous aimerions/J'aimerais avoir une vie heureuse.

2. J'aimerais avoir ma propre maison (une maison propre ? !)

3. J'aimerais/Nous aimerions avoir (ou faire) des vêtements élégants.

4. Nous aimerions/J'aimerais avoir un ami fidèle.

5. J'aimerais/Nous aimerions faire des voyages exotiques.

6. J'aimerais avoir la même voiture que mon voisin a achetée.

7. J'aimerais/Nous aimerions avoir le nouveau modèle de Porsche.

8. Nous avons vu/J'ai vu un film amusant.

9. J'ai vu mes anciens amis de Chicago.

10. J'ai vu/Nous avons vu une vieille sculpture.

11. J'ai vu/Nous avons vu un beau tableau.

12. J'ai vu/Nous avons vu une pièce de théâtre ennuyeuse.

13. Nous avons vu/J'ai vu le seul château de la région.

14. J'ai acheté une petite plante verte.

15. J'ai acheté une bicyclette chère.

16. J'ai acheté une jolie table ronde pour la salle à manger.

17. J'ai acheté mon propre ordinateur.

18. J'ai acheté des chaussures noires.

19. J'ai acheté un petit chapeau charmant.

C.   *To be corrected in class or by the instructor.*

D.   *To be corrected in class or by the instructor.*

E.   1. Lequel ?   2. A laquelle ?   3. Duquel ?   4. Lesquelles ?   5. Auxquels ?   6. Auquel ?
7. Lesquelles ?   8. Lesquelles ?

F.   1. Duquel ?   2. Lesquelles ?   3. lequel ?   4. auxquels ?   5. Laquelle ?   6. Laquelle ?
7. (Dans) lesquels ?   8. Lesquelles ?

LESSON TWENTY-THREE, COLETTE, *LA TROUVAILLE*

A.   1. aurais   2. resterions   3. tombait   4. dirais   5. s'éteignait   6. ouvrirait

Answers

B. 1. serait sortie   2. avaient dit   3. auraient tressailli   4. avait tinté   5. avions étudié   6. aurait traversé

C. 1. If you know this young man, tell me his name.

2. Set the table, please.

3. If you knew that, why didn't you tell me?

4. Why did he want to see the film again if he had already seen it?

5. If they did all that, they never admitted it.

6. This story must be true if everyone believes it.

7. If she answers all the questions, it's because she wants to make others jealous.

D. 1. ne nous serions pas mariés   2. avait été   3. serait   4. déménageait   5. n'aurait pas été   6. deviendriez   7. admirait   8. recommencerait   9. seraient

E. 1. puisse   2. soit   3. fasse   4. rende   5. soient   6. passe   7. finisse   8. descende 9. ait   10. croient

F. 1. that you'll finish/are finishing soon.

2. that you've already finished.

3. that it wasn't raining.

4. that Irene cries (cry) at the thought of her ex-husband.

5. that Irene spent the evening in the bathroom.

6. that she was a generous grandmother.

G. 1. Non, je ne suis pas sûr(e) qu'elle ait divorcé.
   Oui, je suis sûr qu'elle a divorcé.

2. Non, il n'est pas possible qu'elle l'ait aimé.
   Oui, il est probable qu'elle l'a aimé.

3. Non, je ne crois pas qu'il se soit déjà remarié.
   Oui, je crois qu'il s'est déjà remarié.

4. Moi non plus, je ne crois pas qu'elle ait beaucoup d'amitié pour sa maîtresse.

   Au contraire, je crois qu'elle a de l'amitié pour sa maîtresse.

5. Au contraire, il est possible que les vaniteux soient heureux.

   Oui, il est vrai/sûr/probable que les vaniteux sont malheureux.

6. Je crois qu'elle habite ailleurs.

   Je ne crois pas qu'elle habite chez Irène.

7. Oui, je crois qu'on peut être solitaire et heureux.

   Non, je ne crois pas qu'on puisse être solitaire et heureux.

8. Oui, il se peut qu'elle soit indépendante.

   Non, il est impossible qu'elle soit indépendante.

H. 1. se fasse   2. ne soit pas   3. divorce/ait divorcé   4. aimiez/ayez aimé(e)
    5. meure/soit mort   6. prennes   7. ne fasse pas beau demain   8. s'amusent
    9. réussisse/ait réussi   10. finisses

I. *To be corrected in class or by the instructor.*

J. *To be corrected in class or by the instructor.*

K. 1. soit 2. devienne 3. meure/soit mort 4. arrive 5. ait

LESSON TWENTY-FOUR, SIMENON, *LA BOMBE DE L'ASTORIA*

A. *To be corrected in class or by the instructor.*

B. 1. Savez-vous le nom du criminel ?

    2. Le feu a-t-il tout dévoré ?

    3. Les a-t-on alertés ?

    4. Y a-t-il eu une explosion ?

    5. Les coffres ont-ils été vidés ?

 Answers

6. Ne s'est-il aperçu de rien ?

7. Le mur s'est-il écroulé ?

C. 1. Que veut-il ?
   Qu'est-ce qu'il veut ?

2. Que cherches-tu ?
   Qu'est-ce que tu cherches ?

3. Qu'ont-ils vu ?
   Qu'est-ce qu'ils ont vu ?

4. Où est-elle née ?
   Où est-ce qu'elle est née ?

5. Pourquoi a-t-il fait cela ?
   Pourquoi est-ce qu'il a fait cela ?

6. Que vas-tu faire ?
   Qu'est-ce que tu vas faire ?

7. Comment s'appelle-t-il ?
   Comment est-ce qu'il s'appelle ?

8. A qui parlais-tu ?
   A qui est-ce que tu parlais ?

9. Quel âge avez-vous (as-tu) ?
   Quel âge est-ce que vous avez (tu as) ?

10. Qu'est-ce qui a causé votre (ta) maladie ?

D. 1. Les gens   2. On   3. gens/monde   4. personnes   5. les malades

E. *To be corrected in class or by the instructor.*

F. 1. temps   2. fois   3. temps   4. fois   5. fois   6. heures   7. temps   8. temps   9. fois
   10. fois

LESSON TWENTY-FIVE, PREVERT, *LA GRASSE MATINEE*

A.   1. toute la matinée   2. première année   3. longue journée   4. quatre-vingts ans
     5. la soirée   6. année terrible

B.   *(Here are some possible answers.)*

     1. le matin   2. la nuit   3. le matin   4. ce matin-là   5. l'après-midi

C.   1. le   2. le   3. —   4. le   5. le

D.   1. dans   2. en   3. dans   4. en   5. en   6. dans   7. en/dans   8. en   9. dans

E.   *(Here are some possible sentences.)*

     1. Je ne crois pas que ce bruit soit terrible.
        Croyez-vous que ce bruit soit terrible ?

     2. Je ne pense pas que cet homme soit fou.
        Pensez-vous que cet homme soit fou ?

     3. Il ne me semble pas que le vagabond ait les cheveux gris.
        Vous semble-t-il que le vagabond ait les cheveux gris ?

     4. Tu ne crois pas que le vagabond puisse faire quelque chose contre ce monde.
        Crois-tu que le vagabond puisse faire quelque chose contre ce monde ?

     5. Il ne pense pas que les flics soient protégés par la crainte.
        Pense-t-il que les flics soient protégés par la crainte ?

     6. Il ne leur semble pas que cet homme ait faim.
        Leur semble-t-il que cet homme ait faim ?

     7. Il ne me semble pas que le vagabond ait tué l'homme estimé.
        Crois-tu que le vagabond ait tué l'homme estimé ?

     8. Je ne pense pas que l'homme ait été égorgé.
        Pensez-vous que l'homme ait été égorgé ?

     9. Je ne crois pas que la faim ait causé ce crime.
        Croyez-vous que la faim ait causé ce crime ?

     Answers

F. 1. Je la trouve belle/patiente.

Nous la trouvons belle/patiente.

2. Non, il ne la trouve pas trop chère.

Oui, il la trouve trop chère.

3. Oui, je le trouve dangereux.

Non, je ne le trouve pas dangereux.

4. Oui, elle le croit suffisant.

Non, elle ne le croit pas suffisant.

5. Oui, je le trouve assez chaud.

Non, je ne le trouve pas assez chaud.

6. Oui, je les trouve délicieux. Nous les trouvons délicieux.

Non, je ne les trouve pas délicieux. Nous ne les trouvons pas délicieux.

7. Oui, je le crois cassé. (*or*) Je crois que l'œuf est cassé.

Non, je ne le crois pas cassé. (*or*) Je ne crois pas que l'œuf soit cassé.

8. Je le trouve super.

Je ne le trouve pas agréable.

G. *To be corrected in class or by the instructor.*

H. *To be corrected in class or by the instructor.*

I. *To be corrected in class or by the instructor.*

LESSON TWENTY-SIX, CESBRON, *MISS EDITH MOURRA LE 20 MAI*

A. 1. mourrai 2. enverra 3. vaudra 4. verront 5. recevrai 6. pleuvra 7. deviendront 8. devra 9. enverront 10. saurons 11. courra 12. pourras

B. 1. pourrons 2. devra 3. courrai 4. aura, pleuvra 5. faudra 6. deviendra 7. verrons et comprendrons 8. mourra 9. sauront, ne courons plus 10. voudrons

C.   *To be corrected in class or by the instructor.*

D.   *To be corrected in class or by the instructor.*

E.   *To be corrected in class or by the instructor.*

F.   *(Here are some appropriate responses. Others are possible.)*

1. Nous nous retrouvions de temps en temps.

2. La plupart du temps nous nous retrouvions chez elle.

3. Oui, elle avait parfois l'air (assez/très) triste.

4. Au contraire, elle en manquait rarement.

5. Oui, d'habitude je m'entendais très bien avec eux.

6. Oui, je m'en suis inquiété(e), mais rarement.

7. Oui, j'avais confiance en lui la plupart du temps.

8. Oui, il m'en écrivait quelquefois.

LESSON TWENTY-SEVEN, *PUBLICITES DES COMPAGNIES AERIENNES*

A.   *(Here are some possible responses.)*

1. Les passagers n'ont pas manqué le train qui est parti à six heures du soir.

2. Les mots me manquent quand j'essaie d'exprimer mes sentiments.

3. L'héroïne du film que nous avons vu manque de talent.

4. Malheureusement il faut que M. Dufresne manque son rendez-vous chez le dentiste.

5. Mme la directrice remarque que Philippe manque ce matin.

6. Combien de fois par semestre manquez-vous la classe de français ?

7. La solitude manque parfois quand on habite une résidence universitaire.

8. Les étudiants manquent d'argent la plupart du temps.

     Answers

B. 1. Est-ce que votre fiancé(e) vous manque ?

Votre fiancé(e) vous manque-t-il/elle ?

Le/La voyez-vous souvent ?

Est-ce que vous le/la voyez souvent ?

2. Quand je suis ici à l'université mes amis de chez moi me manquent.

3. Est-ce que le soleil nous manque ? Mais bien sûr !

4. Quand je suis à l'étranger, notre langue, notre cuisine et nos coutumes me manquent.

5 Est-ce que la plage vous manque en hiver ?

C. *(Here are some possible answers.)*

1. Il me manque de l'argent.

2. Il leur manque une voiture.

3. Elle manque d'expérience.

4. Je manque de courage.

5. Il manque un climat doux, des programmes à améliorer le problème.

6. Il y manque de bons scénarios, de bons écrivains.

D. *To be corrected in class or by the instructor.*

E. *To be corrected in class or by the instructor.*

F. 1. la plus grande distance

2. la musique la plus pure

3. le vol le plus rapide du monde

4. les avions les plus modernes

5. les plus longues liaisons

6. le service le plus connu des compagnies aériennes

7. les pilotes les plus sérieux du groupe

8. la peinture la plus abstraite de la collection

9. la visite la plus inattendue de sa vie

10. l'hôtesse de l'air la plus courageuse du vol

G. *(Here are some possible responses.)*

1. la moindre importance

2. le pire/le plus mauvais voyage de ma vie

3. la meilleure solution

4. la moindre hésitation

5. les meilleures liaisons

6. le pire/le plus mauvais exemple

7. le meilleur

H. *To be corrected in class or by the instructor.*

APPENDICES

APPENDIX A.1

VERB CONJUGATIONS
Regular Verbs

Infinitif	*parler*	*finir*	*attendre*
Présent	je parle tu parles il/elle parle nous parlons vous parlez ils/elles parlent	je finis tu finis il/elle finit nous finissons vous finissez ils/elles finissent	j'attends tu attends il/elle attend nous attendons vous attendez ils/elles attendent
Passé composé	j'ai parlé	j'ai fini	j'ai attendu
Imparfait	je parlais	je finissais	j'attendais
Plus-que-parfait	j'avais parlé	j'avais fini	j'avais attendu
Futur	je parlerai	je finirai	j'attendrai
Futur antérieur	j'aurai parlé	j'aurai fini	j'aurai attendu
Conditionnel	je parlerais	je finirais	j'attendrais
Conditionnel passé	j'aurais parlé	j'aurais fini	j'aurais attendu
Présent du subjonctif	que je parle	que je finisse	que j'attende
Passé du subjonctif	que j'aie parlé	que j'aie fini	que j'aie attendu
Passé simple	il parla	il finit	il attendit
Passé antérieur	il eut parlé	il eut fini	il eut attendu
Imparfait du subjonctif	qu'il parlât	qu'il finît	qu'il attendît
Plus-que-parfait du subjonctif	qu'il eût parlé	qu'il eût fini	qu'il eût attendu
Participes	parlant parlé	finissant fini	attendant attendu
Impératif	parle parlons parlez	finis finissons finissez	attends attendons attendez

APPENDIX A.2

VERBS CONJUGATED WITH *ETRE* IN THE *PASSE COMPOSE*

I. There are about fifteen verbs which form the **passé composé** with the auxiliary verb **être.** The past participle in this case agrees with the subject of the sentence. Here are the principle ones:

aller	on est allé
arriver	nous sommes arrivé(e)s
descendre	je suis descendu(e)
entrer (rentrer)	elle est entrée
monter	tu es monté(e)
mourir	il est mort
naître	il est né
partir	on est parti
rester	vous êtes resté(e)(s)
retourner	je suis retourné(e)
sortir	nous sommes sorti(e)s
tomber	elles sont tombées
venir (devenir)	ils sont venus

NOTE:
A few of these verbs can take a direct object. When they do, the auxiliary verb becomes **avoir: J'ai sorti ma clef de mon sac. Elle a monté l'escalier. Nous avons descendu l'escalier. Il a retourné** (*turned over*) **la lettre.**

II. Pronominal verbs are also conjugated with **être.** There is agreement of the past participle if the reflexive pronoun **(me, te, se, nous, vous)** is a direct object. (See Lesson 19 for further explanation.)

se tromper	je me suis trompé(e)
	tu t'es trompé(e)
se cacher	on s'est caché
	nous nous sommes caché(e)s
se coucher	vous vous êtes couché(e)(s)
	ils se sont couchés

APPENDIX A.3

THE IRREGULAR PAST PARTICIPLES

asseoir: assis

avoir: eu

boire: bu

conduire: conduit

connaître: connu

courir: couru

couvrir: couvert

craindre: craint

croire: cru

devoir: dû

dire: dit

écrire: écrit

être: été

faire: fait

falloir: fallu

joindre: joint

lire: lu

mettre: mis

mourir: mort

naître: né

offrir: offert

paraître: paru

peindre: peint

plaindre: plaint

plaire: plu

pleuvoir: plu

pouvoir: pu

prendre: pris

produire: produit

recevoir: reçu

rire: ri

savoir: su

servir: servi

souffrir: souffert

suffire: suffi

suivre: suivi

traduire: traduit

vaincre: vaincu

valoir: valu

venir: venu

vivre: vécu

voir: vu

vouloir: voulu

APPENDIX A.4

VERBS FOLLOWED BY AN INFINITIVE

I. Verb + infinitive

adorer	écouter	prétendre
aimer	entendre	regarder
aimer mieux	espérer	savoir
aller	faire	sembler
avoir beau	falloir	sentir
compter	laisser	souhaiter
croire	oser	valoir mieux
désirer	penser	venir
détester	pouvoir	voir
devoir	préférer	vouloir

II. Verb + *à* + infinitive

aider à	conduire à	manquer à
s'amuser à	consentir à	s'occuper à
apprendre à	continuer à	parvenir à
arriver à	se décider à	se plaire à
s'attendre à	s'efforcer à	se préparer à
avoir à	s'ennuyer à	renoncer à
chercher à	s'habituer à	tenir à
commencer à/de	hésiter à	

III. Verb + *de* + infinitive

accepter de	éviter de	prier de
il s'agit de	se fâcher de	promettre de
cesser de	finir de	refuser de
choisir de	s'inquiéter de	regretter de
commencer de/à	interdire de	remercier de
se contenter de	manquer de	se reprocher de
conseiller de	obtenir de	rire de
continuer de	s'occuper de	se soucier de
décider de	offrir de	souffrir de
défendre de	ordonner de	souhaiter de
demander de	oublier de	se souvenir de
se dépêcher de	pardonner de	suggérer de
dire de	permettre de	tenter de
empêcher de	se plaindre de	venir de
s'ennuyer de		

APPENDIX A.5

COMMON PRONOMINAL VERBS

s'agir de	s'égarer	se méfier de
s'en aller	s'éloigner	se mettre à
s'amuser	s'emparer de	se moquer de
s'apercevoir	s'endormir	s'occuper de
s'approcher	s'enfoncer	se plaindre
s'arrêter	s'ennuyer	se presser
s'attendre à	s'entendre	se promener
se battre	s'éteindre	se rappeler
se cacher	s'étirer	se réjouir
se coucher	s'étonner	se réunir
se demander	se fâcher contre	se réveiller
se dépêcher	s'habiller	se sentir
se diriger	s'habituer à	se servir de
se disputer avec	s'inquiéter	se soucier de
se douter de	s'inscrire	se souvenir
s'échapper	s'intéresser à	se taire
s'écrier	se lever	se trouver
s'efforcer	se marier avec	

APPENDIX B

NEGATIVE EXPRESSIONS

Negation in French generally requires two parts, the negative particle **ne** and another word:

Il *ne* fume *pas*, il *ne* boit *jamais*, il *n'*a *aucun* vice.

Although **ne** is a necessary part of written negation, sometimes it is dropped in conversation:

Y en a pas ?   **J'sais pas, moi.**   **C'est pas vrai !**

Forms: Here is a list of the most common negative expressions.

ne... pas	simple negation
ne... point	strong negation
ne... personne	negation of **quelqu'un, tous**
ne... rien	negation of **quelque chose, tout**
ne... jamais	negation of **quelquefois, toujours, souvent**
ne... plus	negation of **encore, toujours** (*still*)
ne... pas encore	negation of **déjà**
ne... aucun	negation of **un** or **tous les**
ne... pas un	negation of **un** or **tous les**
ne... nul	negation of **un** or **tous les**
ne... guère	negation of **beaucoup, très**
ne... ni... ni	negation of **et... et, ou... ou**
ne... que	(*only*) is negative in that it limits:

I received only one invitation.
Je n'ai reçu qu'une seule invitation.

NOTE:
The negatives **personne, rien, aucun, pas un** may be used as a subject, with **ne** still preceding the verb:

Personne n'est venu.
Rien ne s'est passé.
Pas une réponse n'était correcte.

(See Lessons 3 and 11 for further explanation of negatives.)

APPENDIX C

THE USE OF *ETRE, AVOIR, VOULOIR, DEVOIR, POUVOIR, SAVOIR*

Etre

Je suis en France.	*I am in France.*
Il était en France (pendant la guerre).	*He was in France (during the war).*
Il a été en France (plusieurs fois).	*He was in/has been to France (several times).*
Il serait en France (s'il n'avait pas manqué l'avion).	*He would be in France (if he hadn't missed the plane).*
Il aurait été en France (s'il n'avait pas manqué l'avion).	*He would have been in France (if he hadn't missed his plane).*

Avoir

Il y a une voiture devant la maison.	*There is a car in front of the house.*
Il y avait une voiture devant la maison.	*There was a car in front of the house.*
Il y a eu un accident devant la maison.	*There was an accident/an accident took place . . .*
Nous aurions de la neige (s'il faisait plus froid).	*We would have snow (if it were colder).*
Nous aurions eu de la neige s'il avait fait plus froid.	*We would have had snow if it had been colder.*

Vouloir

Je veux dire la vérité.	*I want to tell the truth.*
Je voulais dire la vérité (mais je ne pouvais pas).	*I wanted to tell the truth (but I couldn't).*

J'ai voulu dire la vérité (mais il a refusé de m'écouter).	*I wanted/tried to tell the truth (but he refused to listen).*
Je voudrais dire la vérité.	*I would like to tell the truth.*
J'aurais voulu dire la vérité (mais je n'avais pas pu le faire).	*I would have liked to tell the truth (but I couldn't do it/hadn't been able to bring myself to do it).*

Devoir

Il me doit cinq francs.	*He owes me five francs.*
Je dois partir.	*I have to leave.*
Il doit y avoir une erreur.	*There is probably/must be a mistake.*
Je devais partir vendredi.	*I was supposed to leave Friday.*
J'ai dû partir vendredi.	*I had to leave Friday.*
Il a dû oublier.	*He must have forgotten.*
Je devrais partir.	*I should/ought to leave.*
J'aurais dû partir.	*I should have/ought to have left.*

Pouvoir

Elle peut ouvrir la porte si elle a une clef.	*She can open the door if she has a key.*
Elle pouvait ouvrir la porte si elle avait une clef.	*She could/was capable of opening the door if she had a key.*
Elle a pu ouvrir la porte.	*She was able to/succeeded in opening the door.*
Elle pourrait ouvrir la porte si elle avait une clef.	*She could/would be able to . . .*
Elle aurait pu ouvrir la porte si elle avait eu une clef.	*She could have opened . . .*

 Appendix C

Savoir

Je sais qu'elle ne m'aime pas.

I know she doesn't love me.

Je savais qu'elle ne m'aimait pas.

I knew (all along) that she didn't love me.

A cet instant, j'ai su qu'elle ne m'aimait pas.

At that moment, I knew/found out she didn't love me.

Je saurais, si vous me parliez (ou si vous m'aviez parlé).

I would know if you talked (or if you had talked) to me.

J'aurais su, si vous m'aviez parlé.

I would have known if you had talked to me.

APPENDIX D

THE IMPERFECT AND THE *PASSE COMPOSE*

Imperfect	Passé composé
1. Habitual action.	1. Completed actions, or even repeated several times, but not habitually.
2. An ongoing action interrupted by another.	2. An action that interrupts an ongoing action.
3. Background; ongoing condition.	3. Foreground; completes an act, advances the action.
4. Description.	4. Narration, events that happen in a sequence, can be put in chronological order.
5. Ongoing mental and physical states.	5. Changes in these states.
6. Used when the emphasis is the duration or progression of the activity.	6. Used when the emphasis is the completion or onset of the action.

APPENDIX E

FORMS OF THE SUBJUNCTIVE

The rules for forming the subjunctive are in Workbook Lesson 23 (Colette). The subjunctive forms of several common regular and irregular verbs are given below. Verbs such as **venir,** with a different stem in the first- and second-person plural, are marked by an asterisk. If prefixes are added to the verbs, they usually retain the same forms (**que je vienne,** que je **devienne).**

*aller: aille, ailles, aille, allions, alliez, aillent

asseoir: asseye, asseyes, asseye, asseyions, asseyiez, asseyent

*avoir: aie, aies, ait, ayons, ayez, aient

*boire: boive, boives, boive, buvions, buviez, boivent

conduire: conduise, conduises, conduise, conduisions, conduisiez, conduisent; *Also:* déduire, réduire, construire, détruire

craindre: craigne, craignes, craigne, craignions, craigniez, craignent

*croire: croie, croies, croie, croyions, croyiez, croient

*devoir: doive, doives, doive, devions, deviez, doivent

dire: dise, dises, dise, disions, disiez, disent; *Also:* contredire, médire, redire

*envoyer: envoie, envoies, envoie, envoyions, envoyiez, envoient; *Also:* renvoyer

*être: sois, sois, soit, soyons, soyez, soient

faire: fasse, fasses, fasse, fassions, fassiez, fassent; *Also:* défaire, parfaire, refaire

falloir: faille

finir: finisse, finisses, finisse, finissions, finissiez, finissent; *Also:* **définir** and other regular **ir** verbs

*fuir: fuie, fuies, fuie, fuyions, fuyiez, fuient; *Also:* s'enfuir

lire: lise, lises, lise, lisions, lisiez, lisent

*mourir: meure, meures, meure, mourions, mouriez, meurent

naître: naisse, naisses, naisse, naissions, naissiez, naissent; *Also:* connaître, paraître, renaître

ouvrir: ouvre, ouvres, ouvre, ouvrions, ouvriez, ouvrent; *Also:* couvrir, offrir, souffrir

plaire: plaise, plaises, plaise, plaisions, plaisiez, plaisent

pleuvoir: pleuve

pouvoir: puisse, puisses, puisse, puissions, puissiez, puissent

*prendre: prenne, prennes, prenne, prenions, preniez, prennent; *Also:* apprendre, comprendre, reprendre, surprendre

*recevoir: reçoive, reçoives, reçoive, recevions, receviez, reçoivent; *Also:* apercevoir, concevoir, décevoir, percevoir

rire: rie, ries, rie, riions, riiez, rient; *Also:* sourire

savoir: sache, saches, sache, sachions, sachiez, sachent

*tenir: tienne, tiennes, tienne, tenions, teniez, tiennent; *Also:* contenir, entretenir, maintenir, retenir, soutenir

*valoir: vaille, vailles, vaille, valions, valiez, vaillent

*venir: vienne, viennes, vienne, venions, veniez, viennent; *Also:* devenir, parvenir, prévenir, revenir, se souvenir

*voir: voie, voies, voie, voyions, voyiez, voient; *Also:* pourvoir, prévoir, revoir

*vouloir: veuille, veuilles, veuille, voulions, vouliez, veuillent

INDEX

WORKBOOK INDEX

(Workbook Lesson numbers are given.)